Introdução à
Programação para
Bioinformática
com

Biopython

Diego César Batista Mariano
José Renato Barroso
Thiago Correia
Raquel Cardoso de Melo Minardi

Laboratório de Bioinformática e Sistemas
Departamento de Ciência da Computação
Universidade Federal de Minas Gerais

Introdução à Programação para Bioinformática com Biopython

Diego César Batista Mariano
José Renato Pereira de Moura Barroso
Thiago da Silva Correia
Raquel Cardoso de Melo Minardi

2016

Mariano, D.; Barroso, J. R.; Correia, T.; de Melo-Minardi, R. C.;
Introdução à Programação para Bioinformática com Biopython. Todos os
direitos reservados a Diego César Batista Mariano.

Belo Horizonte, Março de 2016
Amazon, Brasil

1. Bioinformática 2. Introdução à programação 3. Biopython

North Charleston, SC (EUA):
CreateSpace Independent Publishing Platform.
ISBN: 9781517437299

Biopython: desenvolvido por Jeff Chang, Brad Chapman, Iddo Friedberg, Thomas Hamelryck, Michiel de Hoon, Peter Cock, Tiago Antao,
Eric Talevich e Bartek Wilczyński.

Agradecimentos

Os autores gostariam de agradecer às agências de fomento à pesquisa Coordenação de Aperfeiçoamento de Pessoal de Nível Superior (CAPES), Fundação de Amparo à Pesquisa do Estado de Minas Gerais (FAPEMIG) e Conselho Nacional de Desenvolvimento Científico e Tecnológico (CNPq).

CAPES / Edital Biologia Computacional / número de processo 23038.004007/2014-82

Sumário

Nota dos autores

Escrever sobre programação é sempre uma tarefa árdua. Dizemos isso porque, em computação, cada pessoa apresenta uma diferente curva de aprendizado, ou seja, cada pessoa reage diferente ao método de ensino. E quando se trata de programação em uma área multidisciplinar, como a Bioinformática, é ainda mais complicado.

Assim, enquanto alguns podem achar certos tópicos desse livro complexos e acreditar que a explicação está abstrata demais, outros podem achá-las extremamente detalhadas e, até mesmo, "entediar-se" com a leitura. Ao escrever este livro tentamos focar o texto para usuários com certo conhecimento em computação, mas pouco ou nenhum conhecimento em programação.

Além disso, ao escrever este livro optamos por adotar uma linguagem coloquial. Pedimos desculpas se em certos pontos lhe parecer exagerada, entretanto garantimos que isso foi feito a fim de buscar uma maior interação com os leitores.

Realizamos testes para todos os *scripts* apresentados nesta edição nos sistemas operacionais Windows (7), Linux (Ubuntu 14.04) e MacOS X (10.4). Entretanto, como em qualquer livro, falhas estão sujeitas a acontecer. Em nossos testes utilizamos Python v2.7 e o Biopython v1.63. Caso obtenha problemas ao executar qualquer *script*, procure utilizar essas versões.

Boa leitura!

Os autores.

Prefácio

"Olá mundo!" Não sabemos ao certo se é assim que um livro deveria começar, mas nesse instante nos parece correto, afinal essas são as primeiras palavras que quase todo programador escreve em seu primeiro código.

Boa parte das pessoas que adentram o mundo da programação acredita que programar seja difícil. Talvez realmente seja no começo, mas quando se começa a praticar, se torna algo simples e natural. É como andar de bicicleta! No começo você acha que vai cair, mas depois que você anda pela primeira vez, percebe o quão simples era. A única diferença é que se você aprender a andar de bicicleta, provavelmente se lembrará de como fazer isso pelo resto da vida. Infelizmente, para a programação não é assim! Tente se lembrar de como é a sintaxe de uma função que você usou uma única vez em toda sua vida há 5 anos atrás. Não é tão fácil assim! Programação é prática!

Mas não se preocupe com isso. No mundo da programação há muitos recursos que lhe ajudarão a "codificar", como por exemplo: (i) *parsers* presentes em editores de texto, que são capazes de lhe avisar se um código está escrito errado, assim como seu editor de textos lhe avisa que escreveu uma palavra errada, lhe mostra em que linha exatamente está o erro e lhe dá dicas de como escrevê-la corretamente; (ii) "reaproveitamento de código", afinal se você já escreveu um código para resolver um determinado problema, e no futuro tiver que resolver um problema parecido, por que deveria criar um novo código? Por quê reinventar a roda? Não é vergonha alguma consultar e reaproveitar seus próprios códigos; (iii) documentações oficiais das linguagens de programação, que podem ser encontradas facilmente nos Websites das linguagens ou em livros; e por fim, (iv) consultar a comunidade de desenvolvedores, afinal alguém já deve ter tido a mesma dúvida que você. Nada pode ser mais efetivo do que perguntar diretamente ao Google (ou a algum outro buscador): "como fazer um programa que faz [alguma coisa importante] em Python?" Você será encaminhado a uma série de blogs e fóruns, com boas dicas e tutoriais. A internet sempre lhe ajudará, mas não se acomode! Tente fazer primeiro, se não conseguir, não tenha medo, busque ajuda!

Nas próximas páginas entraremos no mundo mágico da programação para Bioinformática utilizando a linguagem Python e a biblioteca Biopython.

A quem se destina este livro?

Este livro se destina a profissionais de diversas formações que aspiram se tornar bioinformatas, como biólogos, geneticistas, biomédicos, microbiologistas, físicos, químicos e até mesmo a profissionais de tecnologia da informação. Esse livro se destina a todo aquele que quer se aventurar no universo da Bioinformática e deseja ter um guia para seus primeiros passos na programação para Bioinformática.

Assim, tentaremos explicar de maneira simples e didática os princípios básicos de programação através da linguagem Python. Em seguida, aprenderemos o básico do uso da biblioteca Biopython para análise de dados biológicos.

Ei, acalme-se! Não vamos começar a escrever códigos agora. Primeiro é necessário entender por que programação é importante, sobretudo importante para Bioinformática.

Por que aprender a programar na Bioinformática?

Simplesmente porque programar é importante para qualquer área, afinal nos tempos modernos podemos ver *software* em todos os lugares: nos computadores pessoais, *smartphones*, *tablets*, caixas eletrônicos, satélites, carros, televisores e até mesmo em geladeiras. É isso mesmo! Hoje em dia, já existem geladeiras no mercado capazes de analisar se falta algum produto e enviar avisos diretamente para seu *smartphone*: "olha, tá faltando leite"! E algumas vão mais além: enviam uma mensagem diretamente para o supermercado e pedem que o que falta seja entregue em sua casa, se você quiser, é claro!

Programar ajuda a aperfeiçoar o raciocínio lógico, as habilidades analíticas e, acima de tudo, programar **é muito divertido**! Você pode não achar isso uma verdade agora, mas vamos ver se sua opinião não mudará após desenvolver um programa que resolva um problema.

Nos últimos tempos, grandes nomes da computação, como Mark Zuckerberg (criador do Facebook) e Bill Gates (fundador da Microsoft) se uniram para levar programação para pessoas de todas as idades através do *Website* <http://code.org>. Até mesmo o vencedor do prêmio Nobel da Paz, Barack Obama, aprendeu programação, e se tornou o primeiro presidente americano programador.

Bom, se você ainda não se convenceu de que programar é importante, lembre-se que uma das razões para o surgimento da Bioinformática é a grande quantidade de dados produzidos pelos equipamentos modernos, como Sequenciadores de Próxima-Geração. Analisar esses dados manualmente demandaria um grande tempo.

Alguns autores da área acreditam que os conhecimentos em programação não são fundamentais para bioinformatas, afinal há uma grande gama de programas para Bioinformática já desenvolvidos, cabendo ao bioinformata apenas saber utilizá-los. Em parte, discordamos disso! Saber como programar é importante, mas é claro, que não é necessário ter um conhecimento avançado da área. Muitas vezes o bioinformata enfrentará problemas em que um simples *script* que ordena dados ou que busca uma padrão específico poderá resolver. Saber como desenvolver esse *script* pode ser a chave para resolver o problema rapidamente.

Lembre-se que a Bioinformática é uma área vinculada tanto a Ciência da Computação quanto a Biologia, então cabe ao bioinformata ter conhecimento em ambas as áreas. E dominar uma linguagem de programação com precisão é um recurso que pode ser determinante para explicar ou não um problema biológico.

Por fim, se você espera encontrar dicas avançadas de programação, este talvez não seja um livro indicado para você. Mas se quer um livro que lhe indique um caminho para a programação na Bioinformática - pegue uma xícara de café e seus fones de ouvido, escolha uma música que lhe dê concentração, abra seu editor de textos e divirta-se codificando. Vamos lá?

O que são programas de computadores?

Programas de computadores (*software*) são conjuntos de instruções escritos através de uma linguagem de programação, que serão executadas ou interpretadas por um processador ou máquina virtual para realização de uma determinada tarefa.

Como exemplo de algumas funcionalidades básicas que programas devem realizar podemos citar: (i) **entrada de dados**: receber dados do teclado, de arquivos ou de algum outro dispositivo de entrada; (ii) **saída de dados**: o programa deve mostrar dados na tela (imprimir) ou enviar dados para um arquivo ou algum outro dispositivo de saída; (iii) **realizar cálculos**: um programa deve executar operações matemáticas, como adição, divisão, subtração e multiplicação; (iv) **executar comandos condicionais**: um programa deve poder executar certos trechos do código apenas se eles se adequarem a determinadas condições descritas também no código; (v) **repetição**: um programa deve poder executar determinadas ações repetidamente, podendo também aplicar variações às ações executadas.

Processadores (CPU) executam programas em linguagem binária: uma linguagem composta unicamente dos números 0 e 1. Entretanto, acreditamos que seria impossível ou pelo menos improdutivo (nunca diga "impossível") escrevermos programas em binário, por isso utilizamos as chamadas linguagens de alto nível para codificar.

```
01001001 01101110 01110100 01110010 01101111 01100100 01110101
11100111 11100011 01101111 00100000 11100000 00100000 01010000
01110010 01101111 01100111 01110010 01100001 01101101 01100001
11100111 11100011 01101111 00100000 01110000 01100001 01110010
01100001 00100000 01000010 01101001 01101111 01101001 01101110
01100110 01101111 01110010 01101101 11100001 01110100 01101001
01100011 01100001 00100000 01100011 01101111 01101101 00100000
01000010 01101001 01101111 01110000 01111001 01110100 01101000
01101111 01101110
```

Veja acima o título deste livro escrito em linguagem binária. Este livro não tem por objetivo lhe ensinar matemática computacional, então, infelizmente, não aprenderemos a escrever em binário. Para esse exemplo, utilizei o Website <http://www.tradutordebinario.com/>.

Linguagens de programação de alto nível, como PHP, C, C++, C#, Java, JavaScript (não é a mesma coisa do que Java), Perl e nossa querida linguagem Python, utilizada nesse livro, possuem uma sintaxe próxima da nossa linguagem natural, em geral, na língua inglesa. Um exemplo é o comando "*print*", encontrado em quase todas as linguagens de programação. O comando "*print*" imprime na tela alguma mensagem especificada pelo programador.

Muitas funções são similares em diversas linguagens. Assim, se você já conhece uma determinada linguagem e começa a desenvolver em outra, você conseguirá facilmente escrever alguns programas, mesmo nunca tendo escrito nenhum código naquela linguagem. Linguagens de programação são como idiomas. Se você fala português, provavelmente conseguirá entender algumas palavras em espanhol, mesmo sem nunca ter escutado essa língua, e poderá até mesmo arriscar algumas frases, que apesar de você não ter a fluência da língua, poderão ser entendidas por um cidadão nativo de um país que fala a espanhol. Entretanto, o mesmo não ocorrerá se você tentar falar chinês. Há linguagens bastante parecidas, mas também há linguagens com grandes diferenças.

A seguir, alguns conceitos básicos que você provavelmente irá ler neste livro.

Alguns conceitos básicos

Algoritmo: define-se como uma série de passos para que se possa resolver um problema computacionalmente tratável em tempo finito.

Hardware: é a parte física de um computador: placas, processadores e componentes eletrônicos em geral.

Software: é a parte lógica de um computador, um programa de computador que segue um determinado algoritmo, e que pode ser executável ou interpretável.

Script: conjunto de comandos organizados em um arquivo de texto e que será analisado por um interpretador ou por um compilador.

Função: como o próprio nome já diz é um trecho do código que tem uma função específica, recebendo variáveis e retornando alguma informação processada. Linguagens de programação já possuem funções nativas, o que permite que o programador execute ações sem ter que escrever o algoritmo. Entretanto, programadores podem construir suas próprias funções, o que auxilia na organização do código.

Interpretador: constitui num programa de computador que recebe um comando único ou *script* e os converte em linguagem de máquina para que possam sem processados pela CPU.

Paradigmas: representação de um padrão ou modelo; metodologia.

Iteração: sinônimo de repetição.

Indentação: estruturação e organização do código. Derivada do inglês *indent*.

Diretório: sinônimo a pasta.

Abstração: na computação pode-se compreender abstração como uma representação simples que explique todo um processo.

Programação estruturada (PE): método de programação em que o código é estruturado de maneira simples em três partes: sequência, decisão e iteração. A PE pode ser vista como uma programação linear, uma vez que os códigos são executados sequencialmente.

Programação orientada a objetos (POO): na programação orientada a objetos, o código é organizado por classes, que instanciam objetos.

Como este livro está organizado?

Optei por dividir este manuscrito em duas partes:

Introdução à programação com Python: a qual apresentamos conceitos básicos de programação, exemplificados por códigos na linguagem Python;

Programação para Bioinformática com Biopython: a qual são descritas algumas funções da biblioteca Biopython, além de exemplos aplicados a problemas biológicos.

Se você se dedicar algumas horas todos os dias, seria possível concluir a leitura deste livro em duas semanas. Mas não se esqueça de refazer todos os códigos descritos.

Configurando o ambiente de desenvolvimento (ou um editor)

Por uma questão de didática, todos os exemplos citados nesse livro serão apresentados em *scripts*, ou seja, evitaremos utilizar o modo interativo do Python. Assim, antes de iniciarmos é necessário configurar seu ambiente de desenvolvimento e escolher uma boa IDE (do inglês *Integrated Development Environment,* ou na tradução para o português "Ambiente Integrado de Desenvolvimento") ou até mesmo escolher um simples editor de textos. Os sistemas operacionais Windows, Linux e MacOS possuem seus editores padrões: Bloco de Notas, Gedit e Editor de Texto, respectivamente. Há editores que modificam as cores para ressaltar características específicas de uma determinada linguagem, e até mesmo editores que possuem *parsers*. Segue abaixo, algumas dicas:

Sublime text: é sem dúvidas nosso editor favorito e de muitos outros programadores. Simples e leve. Se escolher esse editor, sugerimos que experimente o esquema de cores "monokai", permite que você programe por horas sem cansar sua visão. Compatível com Windows, Linux e MacOS. Permite ainda a execução de *scripts* diretamente do editor. Enquanto esse livro estava sendo escrito, todos os exemplos foram realizados com Sublime text 2. **Onde conseguir:** http://www.sublimetext.com

Notepad++: editor de código que suporta diversas linguagens. Suporte ao sistema operacional Windows **Onde conseguir:** http://notepad-plus-plus.org

Aptana Studio: ideal para gerenciamento de projetos grandes. Permite um sistema de sincronização com servidores via SFTP ou FTP. **Onde conseguir:** http://www.aptana.com

Visual Studio CODE: é um editor leve e gratuito desenvolvido pela Microsoft. Apesar disso, apresenta suporte a sistemas operacionais: Linux, MacOS, além de Windows é claro. **Onde conseguir:** https://www.visualstudio.com/products/code-vs

Outras IDEs e editores

Se nenhuma das opções acima lhe atender, o site Python Brasil preparou uma lista com as IDEs mais populares para desenvolvimento em Python (http://wiki.python.org.br/IdesPython). Segue abaixo algumas opções:

Idle - http://www.python.org

Komodo-Edit - http://www.activestate.com/komodo_edit/

NetBeans - http://netbeans.org/features/python/index.html

NINJA-IDE - http://ninja-ide.org/

SPE - http://pythonide.blogspot.com/

Spyder 2 - http://code.google.com/p/spyderlib/

Pida - http://pida.co.uk/

Eric4 - http://www.die-offenbachs.de/eric/index.html

Boa-Constructor - http://boa-constructor.sf.net

Eclipse - http://www.eclipse.org

DrPython - http://drpython.sourceforge.net/

IPython - http://ipython.scipy.org/

KDevelop - http://www.kdevelop.org/

PythonWin - http://pywin32.sf.net/

PythonCard - http://pythoncard.sourceforge.net

TruStudio - http://trustudio.unipro.ru

PyPE - http://pype.sourceforge.net/index.shtml

Material suplementar

Todos os *scripts* e exemplos preparados neste livro foram disponibiliza-dos em: <https://github.com/dcbmariano/biopython>. Antes de começar a leitura do próximo capítulo, acesse o diretório e faça *download* dos dados contidos nesse repositório (clique em *Download Zip*).

Padrão de nomeação dos *scripts*:

- cX_sY.py

Como por exemplo, no *script* c1_s1.py:

- **c1** indica que o *script* é exibido no capítulo 1;
- **s1** indica que se trata do primeiro *script* exibido no capítulo.

Parte 1
Introdução à programação com Python

Capítulo 1 - Introdução ao Python

Python é uma linguagem de programação de alto nível, ou seja, comandos são descritos em uma linguagem próxima à linguagem natural; interpretada, depende do interpretador Python para execução de *scripts*; dinâmica e fortemente tipada; orientada a objetos, permite que o código seja organizado em classes; e possui a característica peculiar de utilizar a indentação do código para definir a estrutura dos blocos, ou seja, enquanto outras linguagens de programação utilizam a indentação apenas para organização do código, em Python ela é vital para o correto funcionamento de *scripts*. Outra característica marcante da linguagem é o não uso de ponto e vírgula para encerrar linhas de comando.

Página oficial: http://www.python.org
Criador: Guido van Rossum
Surgiu em: 1991
Mantido por: Python Software Foundation

1.1 História

Python foi desenvolvida por Guido van Rossum, enquanto trabalhava no CWI (*Centrum Wiskunde & Informatica*), instituto que era financiado pelo Departamento de Educação do Governo da Holanda. Guido notou a necessidade da criação da uma nova linguagem de programação quando percebeu que o desenvolvimento de aplicações utilizando a linguagem C estava gastando muito de seu tempo. Inicialmente, a linguagem foi nomeada B, entretanto já havia uma linguagem com esse nome. Inspirado pelo grupo de comédia *Monty Python's Flying Circus*, a linguagem passou a se chamar Python. O vínculo com o animal píton (serpente) só veio anos mais tarde, quando publicou o livro "*Programming Python*" e a editora O'Reilly, que possuía a tradição de utilizar animais em seus livros, utilizou uma cobra na capa para representar Python.

1.2 Instalando Python

Linux e MacOS:

Se você utiliza sistemas operacionais Linux ou MacOS, Python já vem instalado por padrão. Para utilizá-lo, abra o terminal e execute o comando "python" seguido pelo nome de um *script* ou comando simples.

Windows:

1. Baixe a última versão para Windows disponível do Python em: https://www.python.org/downloads/.
2. Efetue a instalação com os parâmetros padrões.
3. Após concluir a instalação, abra o *prompt* de comando (se não sabe como fazer isso, abra o menu iniciar, digite CMD e pressione *enter*) e digite *python*. Se tudo estiver correto, você receberá uma mensagem informando a versão do Python instalada e ativar um console interativo. Se não funcionar, tente reiniciar computador. Caso persista o problema, consulte as referências bibliográficas ao final deste livro.

1.3 Meu primeiro programa: "*hello world*"

Um programa em Python é constituído por linhas de comando que serão lidas e executadas pelo interpretador Python. Como dito anteriormente, a sintaxe do Python não exige nenhum caractere para delimitar o fim de uma linha de código, mas você pode utilizar uma barra invertida (\) para indicar que a linha continua abaixo.

Abra seu editor de códigos. Caso tenha optado pelo Sublime Text, no menu *View*, vá até a opção *Syntax* e altere para *Python*. Digite:

```
print "Hello world!"
```

Salve o arquivo com o título "hello.py" na área de trabalho (*desktop* ou mesa). Evite inserir espaços ou caracteres especiais no título do arquivo, assim é recomendável substituir espaços pelo caractere *underline* "_". A terminação de um arquivo de *script* em Python deve ser ".py".

Agora vamos executar o *script*: vá até o terminal (Linux/MacOS) ou o *prompt* de comando (Windows). Navegue até a pasta onde está o *script* (se não sabe como fazer isso, confira as dicas logo abaixo).

Dicas (navegando em pastas pelo terminal/*prompt*):

1. Para entrar em uma pasta utilize o comando "cd nome_da_pasta".

2. Para voltar à pasta anterior utilize "cd ..".

3. Utilize o comando "pwd" para saber em que pasta está.

4. Utilize o comando "ls" (Linux/MacOS) ou "dir" (Windows) para listar todos os arquivos e pastas presentes no diretório atual.

5. **Exemplo**:

    a. se está usando Windows, abra o *prompt* pelo menu iniciar (digite "cmd");

    b. o *prompt* será executado na raiz do usuário (confira digitando *pwd* e pressionando *enter:* será exibido algo como "/users/nome_usuario" ou "C:/users/nome_usuario");

> c. agora digite *cd Desktop* (ou *cd Área de trabalho*) e depois *enter*;
>
> d. digite ls (ou dir) e confira se o arquivo "hello.py" está presente no diretório.

Agora, execute o *script* no terminal com o comando:

```
python hello.py
```

Será exibida em sua tela a seguinte mensagem:

```
Hello World!
```

PARABÉNS! Você acaba de criar o seu primeiro programa em Python! Você utilizou o comando "*print*" que imprime as informações contidas entre aspas.

1.4 Comentando o código

Agora precisamos avisar ao mundo que você é o autor desse maravilhoso código. Para isso utilizaremos *comentários*.

Comentários são trechos de códigos que não serão lidos pelo interpretador, ou seja, regiões de comentários serão ignoradas pelo processador na hora da execução. Eles são extremamente importantes para organização e documentação do código, ou seja, servem para explicar a função de um determinado trecho de código e para passar diversos tipos de informações, caso outros programadores precisem alterar seu código ou até mesmo você no futuro. Lembre-se: bons programadores sempre comentam seus códigos.

Abra o arquivo "hello.py" e vamos editá-lo:

```
'''
Titulo: Meu primeiro programa em Python
Funcao: Escreve a frase 'Hello world!' na tela
Autor: insira_aqui_seu_nome
Contato: seu_email@provedor.com
'''


# Imprime a frase 'Hello world!'
print 'Hello world!'


# Fim do programa
```

Observe que há duas maneiras de se criar comentários em Python:

1. Utilizando três aspas simples seguidas ('''): com esse método todo o texto contido entre as três primeiras aspas simples e as três últimas fica comentado, logo todo o código contido nele passa a ser ignorado durante a execução.

2. Utilizando o caractere sustenido (#): esse caractere no início da linha (ou em qualquer outra parte) indica que apenas o conteúdo daquela linha será ignorado a partir da declaração do caractere.

Agora salve o arquivo. Agora execute o *script* novamente. O resultado obtido deve ser similar a figura abaixo.

```
1   '''
2   Titulo: Meu primeiro programa em Python
3   Funcao: Escreve a frase Hello world! na tela
4   Autor: insira_aqui_seu_nome
5   Contato: seu_email@provedor.com
6   '''
7
8   # Imprime a frase Hello world!
9   print 'Hello world!'
10
11  # Fim do programa
```

```
Hello world!
[Finished in 0.0s]
```

Acima vemos a execução do *script* no Sublime Text 2. Pressionando as teclas COMMAND + B (MacOs) ou CONTROL + B (Windows e Linux) o *script* é executado em uma tela abaixo do editor. Perceba que não foram inseridos caracteres especiais, como acentos ou cedilha.

Comentários também podem ser utilizados de maneira funcional para detectar a codificação utilizada no arquivo (o que pode auxiliar para que seu código fonte aceite caracteres especiais) ou para indicar, em sistemas operacionais UNIX, qual será o interpretador utilizado.

```
#!/usr/bin/env python
# -*- coding: utf-8 -*-
```

No exemplo acima, os caracteres "#!" foram utilizados para indicar o endereço do interpretador Python. Por exemplo, em um sistema Linux, se o endereço do interpretador estiver correto, o código acima pode ser executado com os comandos "./nome_do_script.py" ao invés de "python nome_do_script.py". Entretanto, talvez seja necessário dar permissões de execução para o *script*. Para isso, é necessário executar no terminal o comando "chmod +x nome_do_script.py". Lembre-se de conferir se está no mesmo diretório do *script*.

Enquanto isso, o código "# -*- coding: utf-8 -*-" é utilizado para indicar que o padrão de codificação utilizado é UTF-8, padrão que permite acentuações utilizadas na língua portuguesa.

Em geral, o uso de comentários funcionais é opcional, logo em nenhum exemplo deste livro serão utilizados. Deixamos a cargo de vocês decidir utilizá-los ou não.

1.5 Variáveis

Variáveis são elementos em um *script* utilizados para armazenamento de informações. Pense em uma variável como se fosse uma caixa em que se pode guardar uma determinada informação e que poderá ser utilizada a qualquer momento. Por exemplo, no seu primeiro programa você utilizou a função *print* para imprimir a frase "*Hello world*!", entretanto você foi obrigado a inserir a frase na mesma linha do comando. E se por algum motivo aquela informação fosse inserida antes do comando *print*? Vamos editar mais uma vez o nosso programa para que a frase fique armazenada em uma variável chamada "*frase*".

```
'''
Titulo: Meu primeiro programa em Python
Funcao: Escreve a frase "Hello world!" na tela
Autor: insira_aqui_seu_nome
Contato: seu_email@provedor.com
'''

#Minha primeira variavel
frase = "Hello world!"

# Imprime a variavel frase
```

```
print frase

# Fim do programa
```

Observe que para criar a variável foi necessário apenas digitar o nome dela, seguido do operador de atribuição "=". Em seguida, foi possível imprimi-la com o comando *print* seguido do nome da variável sem o uso de aspas.

O nome da variável deve ser escolhido de acordo com o programador, entretanto recomenda-se que o nome tenha alguma relação com o tipo de dados contido naquela variável. Nomes de variáveis também são *case sensitive*, ou seja, uma variável chamada "frase" é diferente de uma variável chamada "Frase" ou "FRASE". Além disso, nomes de variáveis não podem conter caracteres especiais, não deve conter espaços (caso necessário utilize underline "_"), não pode começar com um número e não pode ter o mesmo nome de alguma das palavras reservadas do Python.

Lista de palavras reservadas do Python

- *and*
- *assert*
- *break*
- *class*
- *continue*
- *def*
- *del*
- *elif*
- *else*
- *except*
- *exec*
- *finally*
- *for*
- *from*
- *global*

- *if*
- *import*
- *in*
- *is*
- *lambda*
- *not*
- *or*
- *pass*
- *print*
- *raise*
- *return*
- *try*
- *while*
- *yield*

Variáveis podem ter diversos tipos, dentre os mais comuns destacam-se variáveis textuais que armazenam sequências de caracteres (*strings*), variáveis inteiras (*int*), variáveis de pontos flutuantes (*float*) e variáveis boleanas (*boolean*).

Tipo de variável	Característica	Exemplo de declaração
string	Representam cadeias de caracteres. Devem ser declarados sempre entre aspas simples ou duplas.	variavel = "Isto eh uma string"
int	Tipo de variável que representa números inteiros.	variavel = 1
float	Variável que permite números decimais.	variavel = 1.993
boolean	Variável lógica. Pode ser *True*, para verdadeiro, ou *False*, para falso.	variavel = False

Note que se declararmos uma variável como igual a "1" (*variavel = "1"*), essa seria uma variável do tipo *string*. Enquanto uma variável declarada como: *variavel = 1*, seria uma variável do tipo *int*. E uma variável declarada como: *variavel = 1.00*, seria uma variável do tipo *float*.

Além disso, existem tipos de variáveis que funcionam como coleções, como por exemplo, listas, tuplas e dicionários. Variáveis em Python também podem ser mutáveis, que permitem modificações, ou imutáveis, que não permitem modificações.

1.6 Operações matemáticas

Operações matemática através da linguagem Python podem ser realizadas de maneira simples, utilizando **operadores aritméticos**, como por exemplo:

- soma (+);
- subtração (-);
- multiplicação (*);
- divisão (/);
- módulo (%);
- potenciação (**);
- divisão com resultado inteiro (//)

No exemplo abaixo, vamos realizar uma operação de soma. Para esse exemplo, crie um novo arquivo chamado *soma.py*.

```
'''
Titulo: soma.py
Funcao: Realizando uma soma com Python
'''

# Recebe o primeiro numero
```

```
A = 2

# Recebe o segundo numero
B = 3

# Realiza a soma
SOMA = A + B

# Exibe resultado na tela
print A
print "+"
print B
print "="
print SOMA
```

Nesse exemplo, recebemos duas variáveis: uma chamada A e outra chamada B. Em seguida criamos uma terceira variável que **recebe** a soma de A e B. Por fim, exibimos o resultado na tela. Note a diferença em se utilizar o comando *print* para imprimir variáveis e *strings*. Não há problema em utilizá-lo várias vezes seguidas, entretanto em breve aprenderemos um modo mais prático para se exibir resultados.

Além desse método é possível inserir os valores numéricos diretamente na variável *SOMA*, assim:

```
SOMA = 2 + 3
```

Da mesma forma é possível efetuar outras operações matemáticas como: subtração, divisão e multiplicação. É possível também intercalar operações matemáticas e isolá-las utilizando parênteses. Veja:

```
# Subtracao: 5 menos 3, igual a 2
OPERACAO = 5 - 3
```

```python
# Multiplicacao: 2 vezes 3, igual a 6
OPERACAO = 2 * 3

# Divisao: 4 dividido por 2, igual a 2
OPERACAO = 4 / 2

# Expressao: 5 menos 3, vezes 2 vezes 3, dividido por
# 4 dividido por 2, o resultado sera 6

OPERACAO = (5 - 3) * (2 * 3) / (4 / 2)

print OPERACAO
```

Observe que no exemplo dado, a variável *OPERACAO*, impressa na última linha, terá o valor dado pela última operação matemática. Isso ocorreu devido ao fato da variável utilizada em todas as operações ter o mesmo nome. Logo, ao final de cada operação matemática, o resultado obtido substitui o resultado anterior armazenado em *OPERACAO*.

Python também permite que você faça conversões de tipos numéricos. Por exemplo, se você tem uma variável do tipo *float* é possível convertê-la para o tipo *int*:

```python
valor_pi = 3.14
# arredondando pi
valor_pi_arredondado = int(valor_pi)
print valor_pi_arredondado

# 3
```

O mesmo é válido caso queira converter uma variável do tipo *int* para *float* (utilize a função *float(variável)*) ou até mesmo para converter um valor numérico em *string* (utilize a função *str(variável)*).

1.7 Recebendo valores digitados pelo usuário (*input* de dados)

Aprendemos a fazer operações matemáticas, entretanto os valores numéricos precisaram ser inseridos diretamente no código fonte de nosso programa. Python, assim como outras linguagens de programação, permite que o usuário interaja com o programa enviando dados durante a execução sem a necessidade de visualizar o código fonte. Para fazer isso podemos utilizar a função *input( )*. Vamos testá-la utilizando nosso exemplo anterior.

```
'''
Titulo: soma.py
Funcao: Realizando uma soma com Python
'''

# Recebe o primeiro numero do usuario
A = input("Digite um numero: ")

# Recebe o segundo numero do usuario
B = input("Digite outro numero: ")

# Realiza a soma
SOMA = A + B

# Exibe resultado na tela
print A
print "+"
print B
print "="
print SOMA
```

A função *input( )* interrompe o funcionamento do programa e aguarda até que um valor seja digitado pelo usuário seguido pela tecla *enter*. Somente assim o fluxo de execução do programa é prosseguido. No exemplo acima, as variáveis A e B recebem valores digitados pelo usuário. A sintaxe da função ainda permite que uma mensagem seja exibida na tela para enviar ao usuário informações sobre o tipo de dado que está sendo requerido.

No Python 3 a função *raw_input( )* foi substituída pela função *input( )*.

1.8 Determinando se um número é par ou ímpar

Pode parecer estranho, mas em programação é extremamente relevante em alguns casos determinar se um número é par ou ímpar. Para isso é possível utilizar o operador módulo (%). O módulo determina o resto de uma divisão. Assim, para descobrir se um número é par ou ímpar pode-se aplicar o módulo por dois. Veja:

```
num = 10
resto = num % 2
print resto
```

O resto da divisão de 10 por 2 é zero, logo a variável *num* armazena um número par. Se *num* fosse igual a 11, o resto da divisão por 2 seria 1, assim seria possível descobrir que o número é impar.

1.9 Módulos, pacotes e bibliotecas

Módulos podem ser definidos como arquivos com funções e classes que podem ser importados para um determinado programa e carregados através da instrução *import*. Não ensinaremos como criar módulos, entretanto é importante compreender como podem ser importados.

```python
# Importar todo modulo os
import os
print os.name

# Importar um modulo de forma relativa
from os import name
print name

# Importar tudo definido para o modulo
from os import *
print name
```

Pacotes são pastas utilizadas pelo interpretador para organizar módulos de forma hierárquica. Python identifica diretórios como pacotes através do arquivo "__init__.py". É possível importar todos os módulos de um pacote através do comando:

```python
from nome_do_pacote import *
```

Bibliotecas contêm conjuntos de módulos e pacotes. Python possui uma série de bibliotecas instaladas por padrão, como a biblioteca *os* (biblioteca do sistema operacional), *math* (operações matemáticas) e *time* (funções de tempo), entretanto bibliotecas de terceiros podem ser instaladas e ampliar a gama de propriedades do Python.

Biopython é uma biblioteca do Python desenvolvida por terceiros. Aprenderemos nos próximos capítulos como instalá-la.

Capítulo 2 - Comandos condicionais

Aprendemos no capítulo anterior como determinar se um número é par ou ímpar utilizando o operador módulo, entretanto seria possível avisar ao usuário se um determinado número digitado é par ou ímpar? Sim, é possível através dos comandos condicionais *if, elif* e *else.*

O comando *if* (na tradução literal para o português "se") realiza testes condicionais, e assim permite que blocos de comando sejam executados caso uma condição testada seja comprovada como verdadeira. Diferente de outras linguagens de programação, que usam o *else if*, em Python, blocos condicionais encadeados são aninhados através da palavra reservada *elif*, que permite que uma condição seja testada caso o valor da validação anterior obtenha um resultado falso, e assim permite que sejam utilizados quantos testes forem necessários. Uma vez realizados todos os testes, caso nenhum deles seja verdadeiro, o bloco de dados da instrução *else* será executado.

Podemos compreender então que os comandos condicionais analisam se uma determinada condição imposta é verdadeira ou falsa, e permitem que decisões diferentes sejam tomadas de acordo com os dados validados. Observe o exemplo:

```
'''
Titulo: par_ou_impar.py
Funcao: determinar se um numero eh par ou impar
'''

# Recebe um numero digitado pelo usuario
num = input("Digite um numero: ")
resto = num % 2

# Testa se o numero eh par ou impar
if resto == 0:
```

```
            print "O numero digitado eh par."
    else:
            print "O numero digitado eh impar."
```

No exemplo mostrado acima, o *script* recebe um número digitado pelo usuário, calcula o resto e define se o resto da divisão do número por 2 é 0. Se sim ele retorna uma mensagem afirmando que o número é par, se não, ele retorna uma mensagem afirmando que o número é ímpar. Nesse exemplo, o comando *else:* pode ser substituído por "*if resto == 1:*".

Durante a execução de um comando condicional três fatores devem ser analisados: (i) o que o código deverá fazer e como; (ii) a indentação do código; e (iii) operadores lógicos e condicionais.

O que o código deverá fazer e como: quando utilizar um comando condicional deve-se primeiro planejar o que o código deverá fazer para em seguida escrever o código. Um mesmo código pode ser escrito de diversas maneiras, obtendo o mesmo resultado ao final. No exemplo acima, o comando *if resto == 0:* é utilizado para verificar se o número recebido pela variável *num* é par. Em seguida, o comando *else:* verifica se o comando *if* anterior foi executado com sucesso, senão ele executa outro comando. Entretanto esse comando poderia se escrito de outra forma, utilizando mais uma vez o comando *if,* só que desta vez verificando se resto é igual a 1. Lembre-se, um programador deve escrever um código da maneira mais simples possível.

A indentação do código: quando o comando *if* é executado todos os comandos presentes dentro do bloco serão executados apenas se a condição for cumprida. Em Python, os blocos são definidos pela indentação do código, ou seja, pela organização do código. Um bloco inicia-se com o sinal dois pontos ":", a partir desse sinal todos os comandos presentes no bloco devem ser indicados por um espaço no início da linha dado pela tecla TAB (ou por uma série de espaços, como por exemplo, quatro espaços em branco).

Operadores relacionais e lógicos: operadores relacionais são utilizados para comparações, e assim em comandos condicionais, para detectar se uma determinada condição é verdadeira ou não. Operadores lógicos podem ser utilizados para testar duas ou mais condições ao mesmo tempo.

Operadores relacionais	
Operador	**Significado**
=	atribui o valor
==	igual a
>	maior que
<	menor que
>=	maior ou igual a
<=	menor ou igual a
!=	diferente de

Observe que o operador "=" (recebe valor) não é um operador relacional e sim um operador de atribuição, entretanto foi inserido nessa lista para compará-lo com o operador "==" (igual a).

Operadores lógicos	
and	conector "e": valida se duas condições são verdadeiras
or	conector "ou": valida se pelo menos uma das condições é verdadeira.

O operador *and* executa o bloco condicional se as duas condições são verdadeiras, enquanto o operador *or* executa o bloco condicional se pelo menos uma das operações for verdadeira.

2.1 Exercício: construindo uma calculadora

Agora que aprendemos a utilizar comandos condicionais, podemos utilizá-los junto aos operadores matemáticos e construir uma aplicação um pouco mais avançada: uma calculadora.

Primeiramente devemos pensar: o que nossa calculadora deve fazer?

1. Receber dois números digitados pelo usuário e o sinal da operação requisitada;

2. Realizar as operações matemáticas (vamos definir que nossa calculadora faça apenas operações de soma, subtração, divisão e multiplicação);

3. Exibir o resultado na tela.

```
'''
Titulo: calculadora.py
Funcao: efetua somas, subtracoes, divisoes e multiplicacoes
'''

print "CALCULADORA"

num1 = input("Digite o primeiro numero: ")

operador = input("Digite a operacao desejada \
(1 para soma, 2 para subracao, 3 para divisao e \
4 para multiplicacao): ")

num2 = input("Digite o segundo numero: ")
```

```python
# Determinando qual o operador foi utilizado
if operador == 1:
        operacao = num1 + num2

if operador == 2:
        operacao = num1 - num2

if operador == 3:
        operacao = num1 / num2

if operador == 4:
        operacao = num1 * num2

print "Resultado: "

print operacao
```

Ainda podemos aperfeiçoar nossa calculadora validando o tipo de entrada digitada pelo usuário. Veja como ficaria:

```python
'''
Titulo: calculadora.py
Funcao: efetua somas, subtracoes, divisoes e multiplicacoes
'''

print "CALCULADORA"

num1 = input("Digite o primeiro numero: ")

operador = input("Digite a operacao desejada \
(1 para soma, 2 para subracao, 3 para divisao e \
4 para multiplicacao): ")
```

```python
num2 = input("Digite o segundo numero: ")

# Determinando qual o operador foi utilizado
if operador == 1:
        operacao = num1 + num2

elif operador == 2:
        operacao = num1 - num2

elif operador == 3:
        operacao = num1 / num2

elif operador == 4:
        operacao = num1 * num2

else:
        operacao = "Operador invalido. Use: 1, 2, 3 ou 4"

print "Resultado: "

print operacao
```

Nesse exemplo, utilizamos o comando *else* para avaliar se nenhum dos requisitos anteriores for cumprido. O comando *if* é utilizado apenas na primeira condição, em seguida, os comandos *elif* são utilizados, indicando dependência de que condições anteriores não tenham sido cumpridas.

2.2 Exercício com operadores relacionais e lógicos

No exemplo a seguir pediremos que o usuário digite sua idade e em seguida tentaremos decidir se o usuário pode votar ou não.

```python
idade = int(raw_input("Digite usa idade: "))
```

```
if idade >= 0 and idade < 16:
        print "Voce nao pode votar!"
elif (idade >= 16 and idade < 18) or idade >= 70:
        print "Voto opcional!"
elif idade >= 18 and idade < 70:
        print "Voto obrigatorio!"
else:
        print "Idade invalida!"
```

Observe que inicialmente recebemos a idade do indivíduo de uma nova maneira, utilizando duas funções: *raw_input( )* para receber o valor digitado pelo usuário, e *int( )* para converter o valor digitado para inteiro. A seguir verificamos se o indivíduo possui mais do que 0 anos e menos do que 16 anos.

As condições "idade >= 16 and idade < 18" só serão válidas se o valor presente em idade atender a ambas. O comando condicional ainda seria válido se "(idade >= 70)", devido ao uso do operador "*or*".

Ao final utilizamos o comando *else* para imprimir uma mensagem caso o usuário digite algum valor que não seja um número inteiro. Um bom código deve prever possíveis erros de execução pelo usuário e imprimir mensagens de aviso.

Capítulo 3 - Laços de repetição

Laços de repetição, também conhecidos como *loops*, são comandos que permitem iteração de código, ou seja, que comandos presentes no bloco sejam repetidos diversas vezes.

Existem basicamente dois tipos de laços de repetição em Python: o laço *while*, usado quando não sabemos exatamente quantas vezes o bloco será repetido, assim será definida uma determinada condição e quando essa for atingida o bloco se encerrará; e o laço *for*, usado quando sabemos quantas vezes o bloco será repetido, como por exemplo se desejarmos que o código será executado dez vezes.

3.1 Comando *While*

Para compreendermos melhor o laço *while* (na tradução literal para a língua portuguesa "enquanto") podemos utilizar como exemplo a calculadora desenvolvida no capítulo anterior. Vamos adicionar alguns comandos para que o *script* se repita até que o usuário deseje encerrá-lo.

```
'''
Titulo: calculadora.py
Funcao: efetua somas, subtracoes, divisoes e multiplicacoes
'''

print "CALCULADORA"

sair = False

while sair == False:

        num1 = input("Digite o primeiro numero: ")
```

```
        operador = input("Digite a operacao desejada \
(1 para soma, 2 para subracao, 3 para divisao e \
4 para multiplicacao): ")

        num2 = input("Digite o segundo numero: ")

        if operador == 1:
                operacao = num1 + num2
        elif operador == 2:
                operacao = num1 - num2
        elif operador == 3:
                operacao = num1 / num2
        elif operador == 4:
                operacao = num1 * num2
        else:
                operacao = "Operador invalido. Use: \
1, 2, 3 ou 4"

        print "Resultado: "

        print operacao

        opcao = int(input("Digite 1 para encerrar a \
calculadora ou 2 para realizar outra operacao"))

        if opcao == 1:
                sair = True
```

Observe que todo o recuo do código abaixo do comando *while* foi ampliado, indicando que os comandos abaixo pertencem ao bloco, ou seja, fazem parte do laço de repetição. Em algumas linhas utilizamos o caractere barra invertida (\) para indicar que o comando prossegue na linha abaixo.

No exemplo acima, o *script* continuará se repetindo enquanto o usuário não digitar o valor 1 quando requisitado. Perceba que o bloco será repetido enquanto a variável *sair* for equivalente a *False*. Ela apenas será alterada para *True* caso a variável *opcao* receba como entrada o valor 2. Observe que a variável *sair* é do tipo booleana, ou seja, ou ela só pode assumir os valores verdadeiro (*True*) ou é falso (*False*).

3.2 Comando *for*

O comando *for* (na tradução literal para a língua portuguesa "para"), diferente do comando *while*, realiza iterações sobre coleções. Sendo assim, a cada "volta" do laço, a variável definida na chamada do *for* assume o valor de um dos elementos da coleção. A execução do comando é finalizada quando chega ao fim da coleção ou através de um comando de interrupção, como veremos em breve.

Vamos utilizar o comando for para criar um contador de 10 números.

```
for i in range(10):
        print i,
```

Nesse exemplo será impresso na tela "0 1 2 3 4 5 6 7 8 9". Observe que o número 10 não é impresso na tela. Isso ocorre, pois em Python, assim como em outras linguagens, contadores começam a contar do valor 0. Usando uma vírgula após o nome da variável durante o comando *print*, um espaço será inserido após a impressão. A função *range( )* retorna uma lista de inteiros. *For* também pode ser utilizado para percorrer outros tipos de listas. Veremos como fazer isso nos próximos capítulos.

3.3 Cláusulas *break* e *continue*

Caso desejemos alterar o fluxo de execução de um laço de repetição, podemos utilizar as cláusulas: *break*, para interromper a execução, ou *continue*, para prosseguir para a próxima iteração. Veja:

```
for i in range(10):
        if i == 5:
                continue
        if i < 8:
                print i,
        if i == 8:
                break
# Sera impresso: 0 1 2 3 4 6 7
```

Capítulo 4 - Trabalhando com *strings*

Strings são muito importantes em programas para Bioinformática, sobretudo para o tratamento de sequências, tanto de nucleotídeos quando de aminoácidos. Por isso é importante estudar bastante a manipulação de *strings* com Python.

Strings representam estruturas textuais, ou seja, caracteres, letras ou palavras. Entretanto, uma variável do tipo *string* é definida como *string* através do uso de aspas simples ou aspas duplas. Na prática isso quer dizer que uma variável declarada como *var = "1"* ou *var = '1'* será considerada do tipo *string*, enquanto se declarada como *var = 1*, será considerada do tipo inteiro.

Vamos começar com um conceito básico, que até agora foi ignorado por este livro: concatenação de *strings*. Concatenação ou junção de *strings* refere-se ao ato de unir duas ou mais *strings* em uma única.

```
variavel_1 = "Ola, "
variavel_2 = "mundo!"

concatenacao = variavel_1 + variavel_2
print concatenacao
```

Nesse exemplo será impresso "Ola, mundo!" (Sim, finalmente traduzimos o "*Hello World*!").

Lembra quando fizemos um programa para somar dois números, e para exibir o resultado da soma foi necessário utilizar o comando *print* em cinco linhas de código?

```
A = 1
B = 2
```

```
SOMA = A + B

# Trecho do nosso programa soma.py
print A
print "+"
print B
print "="
print SOMA
```

Se você ficou imaginando ter escrito um número desnecessário de linhas você está correto! A impressão poderia ser escrito com uma única linha:

```
A = 1
B = 2
SOMA = A + B

print "%d + %d = %d" %(A, B, SOMA)
```

Agora complicou um pouco, não é? Acalme-se, vamos explicar em partes. O que será impresso pelo comando *print* é o que consta dentro das aspas, entretanto existem estruturas especiais que permitem que várias variáveis sejam impressas dentro de um mesmo comando *print*. São os chamados marcadores ou operadores de interpolação de *strings*. Há diversos tipos de marcadores, como:

- **%d**: números inteiros

- **%f**: números flutuantes ou reais (ex.: %.2f exibe 2 casas decimais)

- **%s**: exibe *strings*

- **%o**: octal

- **%x:** hexadecimal

- **%e:** real exponencial

- **%%:** sinal de percentagem

Assim, quando marcadores forem utilizados é necessário indicar as variáveis que serão exibidas, nesse caso, A, B e SOMA. Lembre-se de que é necessário indicar as variáveis na sequência em que são exibidas.

Entretanto ainda poderíamos exibir o valor de outra maneira. Veja:

```
print str(A)+"+"+str(B)+"="+str(SOMA)
```

Nesse caso, a função *str( )* é utilizada para converter os dados numéricos em *strings* e permitir que eles fossem impressos com o comando *print* sem a ajuda de marcadores.

4.1 Verificando o tamanho de uma *string*

É possível verificar o tamanho de uma variável do tipo *string* utilizando a função *len( )*.

```
str = "hello world"
print len(str)

# Sera impresso o valor 11
```

4.2 Exibindo um caractere específico em uma *string*

Para exibir um caractere específico de uma *string* basta apenas indicar a posição do caractere entre colchetes. Veja:

```
str = "hello world"
print str[2]


# Sera impresso o caractere "l"
```

Lembre-se de que em programação geralmente iniciamos contagens do número zero. Assim para a variável *str = "hello world"* temos:

- str[0] = "h"
- str[1] = "e"
- str[2] = "l"
- str[3] = "l"
- str[4] = "o"
- str[5] = " "
- str[6] = "w"
- str[7] = "o"
- str[8] = "r"
- str[9] = "l"
- str[10] = "d"

4.3 Dividindo *strings*

Strings podem ser divididas em pequenas sequências de caracteres, denominadas *substrings*, e assim, podem ser acessadas a partir de uma determinada posição. Usando informações sobre o posicionamento de caracteres pode-se dividir uma *string* de acordo com a necessidade. Para isso basta usar a seguinte sintaxe: *string[inicio:final]*. Veja:

```
str = "hello world"

print str[0:5]
# Sera impresso a string "hello"
```

```
print str[6:11]
# Sera impresso a string "world"
```

Podemos ainda omitir o início, quando desejarmos um fatia da *string* que comece a partir da posição 0, ou o final, quando desejarmos indicar que a *substring* vai até o último caractere. Por exemplo, para uma variável *str* de 12 caracteres:

- *str[0:5]* é equivalente a *str[:5]*

- *str[6:11]* é equivalente a *srt[6:]*

4.4 Principais métodos para trabalhar com *strings*

Veja abaixo os principais métodos para se trabalhar com *strings*. Esses exemplos serão aplicados a uma variável *str = "AAATTTCCCGG"*.

Método	Uso
str.lower( )	Retorna todos os caracteres em minúsculo. De acordo com o nosso exemplo, o comando str.lower() alteraria o valor da variável *str* para "aaatttcccgg".
str.upper( )	Retorna todos os caracteres em maiúsculo.
str.strip( )	Remove espaços no começo e no fim de uma *string*.
str.find('texto')	Busca por uma determinada palavra dentro de uma *string*. Se encontrada, retorna a posição de início. Se não for encontrada, retorna o valor numérico -1. Como, por exemplo, o comando: str.find("TTT") retorna 3.

str.split('delimita dor')	Retorna uma lista com *strings* separadas por um delimitador. Como por exemplo, o comando: str.split("TTT") retorna a seguinte lista ["AAA", "CCCGG"].
str.join(lista)	O oposto de str.split(). Intercala cada *string* da lista com a *string* str. Como por exemplo, o comando: '---'.join(['aaa', ccc, ttt]) retorna: "aaa---ccc---ttt".
str.startswith(str 2)	Testa se a *string* str começa com a *string* str2. Como, por exemplo, o comando: str.startswith("AAA") retorna *True*.
str.endswith(str2)	Testa se a *string* str finaliza com a *string* str2
str.replace('strin g1', 'string2')	Substitui todas as ocorrências da *expressão* 'string1' por 'string2. Como por exemplo, o comando: str.replace("C", "A") retorna a seguinte *string* "AAATTTAAAGG".

Capítulo 5 - Listas

Listas são coleções de dados em Python que agrupam um conjunto de elementos. Listas podem conter *strings*, valores numéricos e até mesmo outras listas. Veja abaixo o exemplo de uma lista com quatro elementos:

```python
nucleotideos = ["A","T","C","G"]
print nucleotideos

# Sera impresso: ['A', 'T', 'C', 'G']
```

A impressão de elementos específicos de uma lista é feita da mesma forma que a impressão de um caractere em uma *string*. Veja:

```python
nucleotideos = ["A","T","C","G"]

print nucleotideos[0] # Sera impresso: A
print nucleotideos[1] # Sera impresso: T
print nucleotideos[2] # Sera impresso: C
print nucleotideos[3] # Sera impresso: G
```

5.1 Principais métodos para listas

Método	Uso
lista.append(x)	Insere o elemento x no final da lista.
lista.insert(i,x)	Insere o elemento x na posição i.
lista.extend(L)	Insere todos os elementos da lista L no final da lista.

print lista	Imprime todos os elementos da lista na seguinte formatação: ['x1', 'x2', ..., 'xn'].
print lista.index(x)	Imprime a posição da primeira ocorrência do elemento x na lista.
lista.remove(x)	Remove o primeiro elemento cujo valor seja igual a x.
lista.pop(i)	Remove o elemento da posição "i" da lista e o retorna. Pode ser usado como lista.pop( ), nesse caso irá remover e retornar o último elemento.
del lista[i]	Apaga o elemento na posição "i" da lista. Pode-se passar uma faixa de elementos a serem deletados. O comando *del lista[:]* apagará toda a lista.
"x" *in* lista	Retorna *True* caso x pertença à lista e *False* caso contrário.
len(lista)	Retorna o número de elementos de lista.

Veja agora alguns exemplos dos métodos citados acima. Para isso considere a lista *nucleotideos = ["A","T","C","G"]*.

```
nucleotideos = ["A","T","C","G"]

nucleotideos.extend(["G", "C"])
print nucleotideos
# Sera impresso ['A', 'T', 'C', 'G', 'G', 'C']

indice = nucleotideos.index("C")
print indice
# Sera impresso 2
```

```python
nucleotideos.remove("G")
print nucleotideos
# Sera impreso ['A', 'T', 'C', 'G', 'C']

x = nucleotideos.pop(4)
print x
# Sera impresso "C"

print nucleotideos
# Sera impresso ['A', 'T', 'C', 'G']

del nucleotideos[2:4]
print nucleotideos
# Sera impresso ['A', 'T']

if "A" in nucleotideos:
        print "Exite um A em nucleotideos"
# Sera impresso True

print len(nucleotideos)
# Sera impresso 2
```

5.2 Percorrendo listas usando o laço *for*

Como visto anteriormente, em certos momentos é preciso percorrer listas analisando cada elemento individualmente. Para isso associamos o comando *for* com o operador *in*.

```python
for x in ["A","T","C","G"]:
        print x

# Sera impresso
# A
# T
```

```
# C
# G
```

Em certas situações pode ser necessário saber a posição de um elemento numa determinada lista. Para isso vamos associar o *for* com um comando condicional *if* da seguinte maneira:

```
nucleotideos = ["A","T","C","G","A","T","C","A","C"]

for i in range(len(nucleotideos)):
        if nucleotideos[i] == "A":
                print "Adenina encontrada na posicao: %d" % i
```

Vamos entender melhor o que foi realizado acima:

- **len(nucleotideos)**: retorna o números de elementos da lista nucleotídeos;

- **range(len(nucleotideos))**: retorna uma lista contendo inteiros entre 0 e o números de elementos da lista menos um. Como por exemplo, se existirem cinco elemento nas lista, então range(len(nucleotideos)) retorna [0, 1 , 2, 3, 4];

- **for i in range(len(nucleotideos)**: a lista de inteiros é percorrida por um laço *for*. A variável i irá assumir cada um dos valores presente na lista de inteiros;

- **if "A" == nucleotideos[i]**: é feita uma comparação se o elemento na posição i da lista de nucleotídeos é igual a "A". Caso seja, uma mensagem é impressa na tela; caso não seja, a variável i assume o próximo valor da lista.

Podemos ainda utilizar o laço *for* para imprimir listas, tuplas e dicionários presentes dentro de outras listas. Veja este exemplo:

```
aminoacidos = [('Alanina', 'ALA', 'A'), \
('Cisteina', 'CYS', 'C')]

# Imprimindo listas complexas

for aa, aa_tres, aa_um in aminoacidos:
        print "Aminoacido: ",aa
        print "Aminoacido (codigo 3 letras): ",aa_tres
        print "Aminoacido (codigo 1 letra): ",aa_um
```

Nesse exemplo, a variável *aa* recebe a primeira posição de cada tupla presente na variável *aminoacidos*, *aa_tres* recebe a segunda e *aa_um* recebe a terceira posição. Enquanto elementos em listas são declaradas entre colchetes "[ ]", elementos em tuplas são declarados entre parênteses "( )" e elementos em dicionários entre chaves "{ }". No próximo tópico, vamos entender melhor o que são tuplas e dicionários.

5.2 Tuplas e dicionários

Tuplas são similares às listas, porém são imutáveis, ou seja, não se pode acrescentar, apagar ou fazer atribuições aos itens. É possível converter tuplas em listas e vice-versa:

```
# Converte uma lista em uma tupla
tupla = tuple(lista)

# Converte uma tupla em uma lista
lista = list(tupla)
```

Dicionários são listas (mutáveis) de associações compostas por uma chave, que deve ser única, e um valor correspondente.

```
aminoacidos = {'ALA': 'Alanina', 'CYS': 'Cisteina'}
print aminoacidos['ALA']


# Alanina
```

Você pode adicionar e apagar elementos a dicionários de maneira simples:

```
aminoacidos = {'ALA': 'Alanina', 'CYS': 'Cisteina'}

aminoacidos['HIS'] = 'Histidina'
# adiciona Histidina

del aminoacidos['ALA']
# apaga Alanina
```

Ainda, é possível obter itens de um dicionário da seguinte forma:

```
aminoacidos = {'alanina': ['ALA', 'A'], \
'cisteina': ['CYS','C']}

# Mais amino
aminoacidos['histidina'] = ['HIS', 'H']

for um, tres in aminoacidos.items():
        print um, '=>', tres
```

```
'''
cisteina => ['CYS', 'C']
histidina => ['HIS', 'H']
alanina => ['ALA', 'A']
'''
```

Capítulo 6 - Manipulando arquivos

Em Bioinformática é necessário possuir conhecimentos em manipulação de arquivos, seja para armazenar resultados de um determinado *script* desenvolvido ou até mesmo para receber arquivos como parâmetro para seu programa. Neste capítulo abordaremos como ler, criar e gravar arquivos em unidades de armazenamento.

6.1 Abrindo arquivos

Para abrir um arquivo de texto com Python é necessário utilizar a função *open*. A sintaxe padrão da função é *open(nome, modo, buffering)*, sendo "*nome*" o arquivo que será aberto, "*modo*" a forma de abertura do arquivo e "*buffering*" é quantidade de *bytes* reservados na memória para a abertura do arquivo (opcional). Essa função também pode ser utilizada para criar novos arquivos, sendo o que diferencia abertura de criação é o valor inserido no campo "modo" durante a chamada da função.

Os valores mais comumente utilizados para "modo" são:

r	somente leitura
w	escrita (caso o arquivo já exista, ele será apagado e um novo arquivo vazio será criado)
a	leitura e escrita (adiciona o novo conteúdo ao fim do arquivo)
r+	leitura e escrita
w+	escrita (o modo *w*+, assim como o *w*, também apaga o conteúdo

	anterior do arquivo)
a+	leitura e escrita (abre o arquivo para atualização)

Observe que os valores de modo e *buffering* são opcionais, logo, se esses campos não forem informados, o sistema adotará valores padrões: para modo *r* (leitura); e para *buffering* o valor definido pelo sistema operacional.

Crie um *script* chamado *arquivos.py* com o seguinte conteúdo:

```
arq = open("meu_arquivo.txt")
```

No exemplo acima, o *script* tentará abrir um arquivo chamado *meu_arquivo.txt* (sugerimos que crie um arquivo com esse nome com em seu editor de textos e insira qualquer conteúdo), e esse deve estar no mesmo diretório do *script arquivos.py*. Uma vez aberto, podemos realizar a leitura do arquivo usando as funções: *read(n)*, *readline( )* ou *readlines( )*.

A função *read(n)* lê até *n bytes*. Caso o valor não seja informado, a função lê o arquivo inteiro. A função *readline( )* retorna uma *string* contendo a primeira linha do arquivo. Por fim, a função *readlines( )* retorna uma lista de *strings,* sendo cada elemento uma linha do arquivo.

Veja um exemplo de leitura e impressão de todas as linhas de um arquivo de exemplo chamado *meu_arquivo.txt*:

```
arq = open("meu_arquivo.txt")
linhas = arq.readlines()
for linha in linhas:
```

```
print(linha)
```

Nesse exemplo, o arquivo foi aberto e registrado na variável *arq*, entretanto seu conteúdo só pode ser lido e armazenado em uma lista através da função *readlines( )*. Por fim, um laço *for* foi utilizado para imprimir cada linha do arquivo armazenada na lista *linhas*.

6.2 Gravando texto em arquivo

A gravação de uma linha em uma arquivo é feita de maneira simples com o uso da função *write("texto")*. É possível escrever diversas linhas em um arquivo com o auxílio de um laço de repetição.

```python
arq = open("meu_arquivo2.txt","w+")

linhasParaOArquivo = ["linha 1","linha 2","linha 3", \
"linha 4","linha 5"]

for lnh in linhasParaOArquivo:
    arq.write(lnh)
    arq.write("\n")
```

Observe a seguinte linha no código acima: *"arq.write('\n')"*. Essa linha foi adiciona para que houvesse uma separação entre linhas com uma quebra de linha. Sem ela, todo o conteúdo da lista *"linhasParaOArquivo"* seria escrito em sequência sem espaçamento. Podemos ainda utilizar "\t" para inserir uma tabulação ao invés de uma quebra de linha.

6.3 Fechando arquivos

Todo arquivo aberto fica armazenado na memória RAM do computador, até que seja fechado.

Para fechar um arquivo, basta chamar a função *close( )*.

```
arq = open("meu_arquivo2.txt","w+")
linhasParaOArquivo = ["linha 1","linha 2","linha 3", \
"linha 4","linha 5"]
for lnh in linhasParaOArquivo:
    arq.write(lnh)
    arq.write("\n")

arq.close()
```

6.4 Recebendo atributos na chamada do *script* (parâmetros)

Uma funcionalidade importante que pode dar poder ao programa desenvolvido é a capacidade de receber, na chamada do programa, parâmetros. Esses podem ser desde dados utilizados durante a execução do programa até mesmo nomes de arquivos que serão processados ou criados. Como por exemplo, executar o programa da seguinte maneira:

```
python arquivo.py meu_arquivo.txt
```

Nesse exemplo, o *script arquivo.py* deve conter a importação do módulo *sys*, o qual permite receber valores passados na chamada de um programa em Python.

```
import sys

for argumento in sys.argv:
```

```
print argumento
```

Para a chamada de programa do quadro anterior, a saída seria:

```
arquivo.py
meu_arquivo.txt
```

Observe que o primeiro argumento é sempre o nome do programa que foi chamado, seguido dos demais argumentos passados como parâmetro.

6.5 Abrindo um arquivo enviado como parâmetro

Para abrir um arquivo enviado como parâmetro, aplique o parâmetro a uma variável e depois utilize a função *open( )*.

```
import sys

nome_arquivo = sys.argv[1]
arquivo = open(nome_arquivo)
linhas = arquivo.readlines()
for linha in linhas:
        print(linha)
```

Observe que obtivemos o conteúdo armazenado na posição 1 de *sys.argv*. Durante a chamada do *script*, o primeiro nome após o *script* é armazenado em *sys.argv[1]*, o segundo em *sys.argv[2]* e assim sucessivamente.

6.6 Criando mensagens de ajuda (*helpers*)

Você pode aperfeiçoar o seu programa inserindo mensagens que ajudem o usuário a executá-lo. Para isso, precisaremos usar dois conceitos ainda não citados. O primeiro é a variável *sys.argc*: ela conta quantos elementos foram enviados como parâmetro. A segunda é a função *sys.exit( )*, que interrompe a execução do programa. Veja:

```python
import sys

if sys.argc > 1:
        arquivo = sys.argv[1]
else:
        print "Sintaxe 'python meu_programa.py [arquivo]'"
        sys.exit()

if arquivo == "-h" or arquivo == '--help':
        print "Sintaxe 'python meu_programa.py [arquivo]'"
        sys.exit()
```

No exemplo, verificamos quantos argumentos o programa recebeu (o próprio nome do programa conta como um argumento, assim se houver mais de um, a variável *arquivo* recebe o conteúdo do primeiro argumento). Se a condição não for cumprida, o usuário recebe um aviso explicando como executar o programa corretamente, e em seguida a execução do código é interrompida. Caso o usuário insira os valores -h ou --help (valores comumente usados em *scripts* para que o programa liste suas funções), o programa exibe uma mensagem com sua correta sintaxe e também interrompe a execução.

Capítulo 7 - Funções

Em programação, uma função é uma sequência definida de instruções ou comandos, que realiza uma tarefa específica. Essa definição lhe parece familiar? Espero que sim! Até agora vimos diversas funções pré-definidas pelo Python, como por exemplo, *print*, *open* ou *str*.

Neste capítulo abordaremos como definir nossas próprias funções.

7.1 Definindo funções

Para definir uma função deve-se seguir a sintaxe:

```
def nome_da_funcao(parametros):
        comandos
```

Como por exemplo, vamos criar uma função que imprime uma mensagem na tela:

```
def imprimir_mensagem():
        print "Hello, World!"
```

Entretanto, se você executar o comando acima nada irá acontecer. Isso acontece porque funções devem ser "chamadas" para que sejam executadas. Veja:

```
def imprimir_mensagem():
        print "Hello, World!"
# Chamando a funcao imprimir_mensagem()
imprimir_mensagem()
```

A grande vantagem em se usar funções é que se pode defini-las no início do código e executá-las quantas vezes for necessário. Podemos ainda inserir parâmetros para personalizá-la.

```python
def imprimir_mensagem(pessoa):
        print "Hello, %s!" %pessoa

# Chamando a funcao imprimir_mensagem()

imprimir_mensagem("Jose")
# Hello, Jose!

imprimir_mensagem("World")
# Hello, World!
```

No exemplo acima, a função *imprimir_mensagem( )* recebe um parâmetro chamado *pessoa* e imprime uma mensagem personalizada com o conteúdo enviado durante sua chamada. Ao chamar a função *imprimir_mensagem* é enviado um **argumento** no formato *string*.

Você ainda pode enviar uma lista como argumento para uma função:

```python
def imprimir_mensagem(pessoas):
        for pessoa in pessoas:
                print "Hello, %s!" %pessoa

# Lista de individuos
individuos = ["Jose","Maria","Luis","Carlos", \
"Pedro","Raquel","Sara"]

# Chamando a funcao imprimir_mensagem()
imprimir_mensagem(individuos)
```

Funções são bastante úteis para organização de código. Se uma determinada tarefa em seu código se repete diversas vezes, considere reescrevê-la inserindo os trechos repetidos em uma única função, que será chamada quando necessário. Parâmetros e variáveis presentes em funções são válidos apenas localmente, ou seja, podem ser executados apenas dentro da função.

Podemos ainda receber o resultado do processamento de uma função e atribuí-lo a uma variável.

```python
def quadrado(valor):
    return valor*valor


a = 10
qdo = quadrado(a)
print qdo
# imprimira o valor 100
```

No exemplo a seguir utilizaremos funções para calcular o fatorial de um número:

```python
def fatorial(n):
    if n == 1:
        return 1
    else:
        return n*fatorial(n-1)

n = 10

print "FATORIAL ",n," = ", fatorial(n)
```

7.2 Funções com argumentos *default*

Python permite a definição de valores *default* (padrão) para argumentos. Esses valores serão adotados caso outros valores não sejam informados durante a chamada da função. Segue abaixo um exemplo desse tipo de declaração de função:

```python
def minhaFuncao(arg1, arg2="Segundo argumento"):
```

Abaixo, temos como exemplo uma função que salva o conteúdo de um dicionário em um arquivo:

```python
def salvaMapa(mapa, nomeArquivo = 'temporario.txt'):
    ''' O dicionário mapa será salvo no
arquivo temporario.txt '''
    arq = open(nomeArquivo,'w')
    for k in mapa.keys():
        linha = 'Coluna: '+ str(k)+' Valor: '+str(mapa[k])
        arq.write(linha + '\n')
    arq.close()
    return None
mp = {'A': 'ALA', 'R': 'ARG', 'N':'ASN', 'D':'ASP', 'C':'CYS'}
salvaMapa(mp,'aminoacidos.txt')
```

No exemplo acima, caso o usuário não informe um nome para o arquivo durante a chamada da função, o arquivo será criado com o nome "temporario.txt".

7.3 Funções com número indefinido de argumentos

Python permite a criação de funções com número variável de argumentos. Para isso, utiliza-se o caractere "*" antes da declaração do parâmetro. Qualquer quantidade excedente de argumentos enviada será associada ao ultimo elemento em forma de tupla. Segue abaixo um exemplo desse tipo de declaração:

```
def myFunc(arg1, *arg2):
```

Agora, vamos criar uma função que calcula a mediana de qualquer sequência de valores passados:

```
def mediana(*valores):
    tam = len(valores)
    if tam == 0:
        return None
    elif tam%2 == 0:
        ctr  =  tam/2
        return (valores[ctr] + valores[ctr -1] ) / 2
    else:
        return valores[tam/2]
mediana(2,5,6,7,9,12,20)
# retornaria o valor 7
mediana(2,5,6,7,9,12,20,52)
# retornaria o valor 8
```

No exemplo a seguir faremos uma função que soma de vários números.

```
def soma(*valores):
        tam = len(valores)
        soma = 0

        for i in range(tam):
                soma = soma + valores[i]

        return soma

print soma(2,2,3,5)
```

7.4 Funções com número indefinido de chaves

Por fim, em Python as funções podem receber qualquer número de argumentos com valores e chaves. Para isso, basta usar no argumento da função os caracteres "**". Os argumentos excedentes serão enviados para função como dicionários. Segue abaixo, um exemplo desse tipo de declaração:

```
def myFunc(arg1,**arg2):
```

Abaixo um exemplo de uso:

```
def imprimeFormatado(*val,**kvals):
    print val
    print kvals
imprimeFormatado('Autores',4, ano = 2015, \
inicio = "janeiro", fim = "dezembro")
# ('Autores',4)
# {'ano': 2015, 'inicio':'janeiro', 'fim' :'dezembro'}
```

Nesse exemplo os argumentos enviados "sem nome" ("Autores", 4) serão atribuídos ao parâmetro *val* e os passados "com nome" (ano = 2015, inicio = "janeiro" e fim = "dezembro") serão atribuídos a *kvals*.

Capítulo 8 - Princípios da orientação a objetos

Até agora falamos de elementos básicos da linguagem Python, tais como *strings*, valores inteiros, laços de repetição e funções. A partir deste capítulo novos conceitos serão acrescentados visando familiarizar você, leitor, a termos usados no meio computacional. Esses métodos permitem a criação de aplicações com maior manutenibilidade e extensibilidade, facilitando o reuso dos códigos criados.

No prefácio deste livro conceituamos "paradigma" como um sinônimo de metodologia ou a representação de um padrão. Partindo deste princípio, até agora utilizamos o chamado "paradigma estrutural", que consiste em uma sequência de comandos interpretados linearmente, um após o outro. No paradigma estrutural um dos únicos elementos de organização, ou reaproveitamento de código, são as funções. Agora, veremos o mundo da programação orientada a objetos (POO), que visa abstrair elementos do mundo real, como objetos que interagem entre si. Iniciaremos conceituando classes, objetos, atributos, métodos e herança no que tange a POO.

8.1 Conceituando os elementos da POO

Classe: é um conjunto de atributos e funções que serve como modelo para gerar objetos. Podemos modelar classes, por exemplo, para representar proteínas, DNA, os mamíferos, *etc.*

Objeto: em ciência da computação diz-se que um objeto é uma instância de uma classe. Assim sendo, um objeto é um indivíduo em particular que possui todas as características comuns aos outros indivíduos da mesma classe, porém com valores diferentes para seus atributos. Em um exemplo simples temos uma classe "Proteína" que agrupa as características de uma proteína como: sua sequência de aminoácidos, localização do sitio ativo, função, *etc.* Um objeto (instância) da classe "Proteína" poderia ser uma "globulina", que possui características (valores dos atributos) distintas da "insulina" por exemplo.

Atributo: os atributos de uma classe são as características do elemento que a classe representa. Retomando nosso exemplo da classe "Proteína", temos como atributos da mesma sua sequência de aminoácidos, localização do sitio ativo, função, peso molecular, solubilidade, *etc*.

Método: são as ações que um dado objeto pode realizar ao interagir com outros objetos. Como exemplo, no pacote BioPython, que estudaremos a partir do próximo capítulo, podemos encontrar a classe "*MaxEntropy*" que possui um método chamado "*calculate*" cuja função é calcular a entropia máxima.

Herança: no contexto de orientação a objetos, a herança consiste em uma classe "filha" que herda as características da classe "mãe". Além dos atributos (características) e métodos (ações), que a classe mãe possui, a classe filha possui informações mais específicas relacionadas a apenas um subgrupo da classe mãe. A analogia mais comumente usada é a da filogenia, onde um filo ancestral possui características mais abrangentes em relação aos seus filhos. Assim, por exemplo, se temos uma classe "Mamíferos", que possui características gerais a todos os mamíferos, como a presença de glândulas mamárias, podemos ter as classes filhas "Humano" e "Foca", que possuem características específicas do seu subgrupo, como por exemplo, o atributo "locomoção" para humanos (bípedes) seria diferente do que para focas (nadadoras).

8.2 Representação de classes em código

O código abaixo visa exemplificar cada um dos elementos conceituados acima. Usaremos classes que estão disponíveis no pacote Biopython.

```
class Entity(object):
    """
```

```python
    Classe que contém as características comuns às \
classes Structure, Model, Chain and Residue.
    """
    def __init__(self, id):
        self.id=id
        self.full_id=None
        self.parent=None
        self.child_list=[]
        self.child_dict={}
        # Dicionário que mantém as propriedades adicionais
        self.xtra={}

    # Métodos especiais

    def __len__(self):
        "Retorna o número de filhos"
        return len(self.child_list)

    def __getitem__(self, id):
        "Retorna o filho correspondente ao id passado."
        return self.child_dict[id]

    def has_id(self, id):
        """Retorna verdadeiro(True) se existir um \
filho com o id passado."""
        return (id in self.child_dict)

    def get_level(self):
        """Retorna o nível na hierarquia.
        A - atom
        R - residue
        C - chain
        M - model
        S - structure
        """
        return self.level
```

```python
class Chain(Entity):
    def __init__(self, id):
        self.level="C"
        Entity.__init__(self, id)

    def get_atoms(self):
        for r in self:
            for a in r:
                yield a
```

O código acima nos mostra duas classes: *"Entity"*, que é uma classe mãe criada para agrupar as características comuns às classes filhas, e *"Chain"*, uma classe filha que possui características específicas de uma cadeia polipeptídica. O primeiro método da classe *"Entity"* é o *"__init__"* que é o método chamado "construtor" da classe. Este método é chamado durante a instanciação da classe.

Observe que o método *"__init__"* possui dois parâmetros: *self* e *id*. O parâmetro *self* é usado, por convenção, para informar que a função é um método de uma classe, servindo também para que a instância do novo objeto criado seja passada para o método. O parâmetro *id* é utilizado para fazer a distinção entre objetos da classe e deve ser passado durante a criação (instanciação) do objeto.

Foi convencionado que o uso de dois caracteres *underline*, no início e no fim de um método (*"__init__"*, *"__len__"*, *"__getitem__"*, *etc.*), informa que esse método é especial e não deve ser alterado. Esse tipo de declaração se aproxima aos métodos privados (*private*) encontrados em outras linguagens de programação, como por exemplo, Java.

A classe possui também outros métodos, como por exemplo, o *get_level(*), que serve para retornar, como descrito na documentação, o nível na hierarquia. Esse e outros métodos são criados para representar as ações que os objetos desta classe podem realizar.

Podemos notar ainda que no corpo do método "*__init__*", existem algumas variáveis precedidas da palavra *self*: *id, full_id, parent, child_list, child_dict, xtra*. Essas variáveis são os atributos dos objetos da classe "*Entity*". Estes atributos podem ser inicializados na instanciação da classe (como no caso do id que é passado como parâmetro), como podem ser inicializados com valores vazios para que sejam posteriormente preenchidos.

Por fim, encontramos a classe *Chain*, que é uma classe filha da classe *Entity*. Por ser uma classe filha, a classe *Chain* herda todas as características (atributos e métodos) da classe *Entity*. A primeira diferença pode ser encontrada logo na declaração da classe: "*class Chain(Entity)*". Após a palavra *class*, colocamos o nome da classe e, entre parênteses, colocamos o nome da classe mãe. Podemos encontrar ainda em Python a chamada "herança múltipla", que consiste em uma classe filha que pode possuir mais de uma classe mãe. Um exemplo de cabeçalho para definição de uma classe com herança múltipla seria:

```
class Filha(Mae1, Mae2, Mae3):
    # ...
```

Podemos observar que a classe *Chain*, declarada no início desse capítulo, possui mais um atributo (*level*). Esse atributo é característico da classe *Chain*, não sendo encontrado nos objetos da classe *Entity*, por exemplo. A classe também possui seus próprios métodos (como o *get_atoms( )* que retorna todos os átomos da cadeia), que poderão ser acessados por objetos da mesma.

8.3 Diferenças da POO em Python para outras linguagens

Toda a linguagem Python é orientada a objetos, ou seja, todos os elementos da linguagem, com exceção dos operadores aritméticos (+, -, =, *, *etc.*), são objetos de uma classe. Por exemplo, um número decimal armazenado em uma variável do tipo *float* (ex.: 50.0), que nas demais linguagens é um tipo primitivo, em Python é considerado um objeto da classe *float*. Essa classe possui diversos métodos, dentre eles, o método "*is_integer()*", que retorna *True* caso o número passado seja inteiro, ou retorna *False* caso seja do tipo *float*. Observe o exemplo no quadro abaixo:

```python
#Criação de uma variável float
n = 50.0

#vamos  verificar se este valor é int
print n.is_integer()

# Irá imprimir True
n = 50.5

print n.is_integer()
# Irá imprimir False.
```

O mesmo ocorre com uma *string*, por exemplo. Observe o seguinte código:

```python
a = "Meu Texto"
print a.upper()
#Irá imprimir "MEU TEXTO"
```

Note que a variável "*a*" possui um método "*upper*" que retorna uma *string* com todas as letras em maiúsculo. É importante frisar que a chamada do método "*upper*" vai retornar uma nova *string* com o seu texto em maiúsculo, porém não altera o conteúdo anterior da variável "*a*" que continua o mesmo.

Como dito anteriormente, não temos por objetivo aprofundar em programação orientada a objetos, entretanto consideramos relevante apresentar alguns conceitos básicos sobre POO. Nos capítulos a seguir, iremos começar a trabalhar com a biblioteca desenvolvida por terceiros Biopython. Acreditamos que os conceitos apresentados até agora foram suficientes para que o usuário possa compreender melhor sobre o funcionamento básico de pacotes, módulos e classes da biblioteca Biopython. A partir desse ponto, algumas funções que possamos considerar básicas podem não ser explicadas detalhadamente. Se possuir dúvidas, sugerimos que volte aos capítulos anteriores e os releia. Sugerimos ainda que consulte a internet. A documentação oficial do Python pode ser obtida em: <https://www.python.org/doc/>.

Parte 2
Programação para Bioinformática com Biopython

Capítulo 9 - Introdução ao Biopython

Biopython é uma biblioteca ou uma coleção de ferramentas para facilitar o desenvolvimento de aplicações para a Bioinformática utilizando a linguagem de programação Python.

Biopython faz parte dos chamados *Bio* projects*: projetos para o desenvolvimento de ferramentas para biologia molecular computacional em diversas linguagens de programação, como BioDAS, BioJava, BioMOBY, BioPerl, BioPipe, BioRuby, BioPHP e BioSQL. O Projeto Biopython é mantido por uma associação internacional de desenvolvedores, e é disponibilizado gratuitamente.

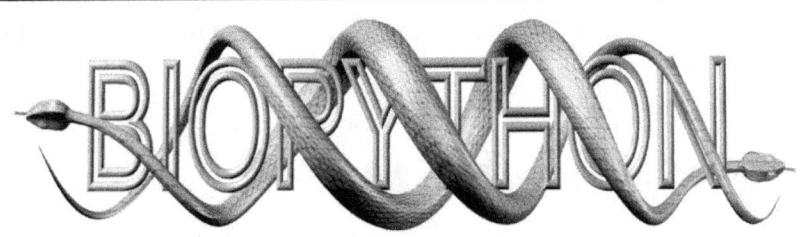

Página oficial: http://www.biopython.org
Criador: Chapman B, Chang J
Surgiu em: 2000
Mantido por: Open Bioinformatics Foundation

Biopython apresenta um conjunto de pacotes, módulos e classes para análises e anotações de sequências biológicas. Também fornece métodos para acessar bancos de dados biológicos *online*, como por exemplo, os bancos mantidos pelo NCBI (*National Center for Biotechnology Information*). Além de tudo isso, Biopython apresenta diversos módulos separados que permitem análises de alinhamentos de sequências, estruturas de proteínas, genética de populações, filogenia, visualização de dados biológicos, regiões motivos em sequências e, até mesmo, o uso de aprendizagem de máquina.

Dentre as principais funcionalidades do Biopython estão os métodos para análises de arquivos obtidos em diversos programas e formatos, como por exemplo:

- Resultados de BLAST – local ou *online*
- Clustalw
- FASTA
- GenBank
- PubMed and Medline
- ExPASy
- SCOP
- UniGene
- SwissProt

Confira a lista de pacotes, módulos e classes do Biopython no capítulo Hierarquia do Biopython.

9.1 Como instalar o Byopython?

A instalação do Biopython é simples e rápida. Para isso faça o *download* da última versão em http://biopython.org/wiki/Download. Biopython possui suporte para diversos sistemas operacionais, que incluem: (i) Windows; (ii) Linux; e (iii) MacOS. Para Windows, um arquivo executável instalará todos os componentes. Para Linux é necessário fazer o *download* do arquivo compactado, extrair os dados e executar as seguintes linhas de comando no terminal:

```
python setup.py build

python setup.py test

sudo python setup.py install
```

Você pode conferir outros métodos de instalação na documentação oficial: <http://biopython.org/DIST/docs/install/Installation.pdf>.

9.2 "*Hello World*" do Biopython

Aprendemos nos primeiros capítulos a executar uma linha de comando básica em Python e imprimir na tela "Hello World". Em Biopython, podemos considerar leitura de sequências primárias como o equivalente a um primeiro passo.

Em um arquivo de texto, insira o código abaixo:

```python
from Bio.Seq import Seq
minha_sequencia = Seq("AGTACACTGGT")
print minha_sequencia
```

Na primeira linha declaramos o uso da biblioteca Biopython, a qual declaramos que do módulo Bio.Seq será importada a classe Seq. Na segunda linha, declaramos a sequência "AGTACACTGGT". Observe que a sequência é declarada não como uma *string*, mas como um objeto de Seq. O construtor da classe recebe como argumentos uma sequência (*string*) e opcionalmente um objeto do tipo alfabeto, que determinará quando necessário o tipo da sequência. Ao imprimir a variável *minha_sequencia* será impressa a sequência enviada.

9.3 Complementar e reverso complementar de uma sequência

Outra função básica do Biopython é impressão de sequências complementares e reverso complementares. Em Bioinformática, nucleotídeos presentes em sequências de DNA são representados pelos caracteres A, T, C e G (adenina, timina, citosina e guanina). Assim, define-se como sequência complementar a sequência formada por bases que pareiam com bases de outra fita de DNA, ou seja, bases que realizam ligações de hidrogênio na formação da dupla hélice do DNA. Logo, A pareia com T, pois adenina realiza uma ligação de hidrogênio com timina, assim como C pareia com G, devido a ligação entre citosina e guanina.

A classe *Seq* fornece métodos para determinação dessas sequências.

```python
# Exibindo a sequencia complementar com Biopython
from Bio.Seq import Seq
minha_sequencia = Seq("AGTACACTGGT")
print minha_sequencia.complement()
```

Ao objeto da classe *Seq* anteriormente criado foi aplicado o método *complement( )*, que gera a sequência complementar. Ao executar esse *script* será impresso na tela "TCATGTGACCA", pois essa é a sequência complementar de "AGTACACTGGT". Se o conteúdo da variável *minha_sequencia* fosse uma simples *string*, e não um objeto da classe Seq, o método *complement( )* não poderia ter sido aplicado, e o interpretador Python retornaria um erro informando que um objeto *str* não tem nenhum atributo *complement*.

Além disso, como a transcrição em genomas de dupla hélice de DNA corre em sentidos opostos, pode-se considerar relevante não apenas conhecer a sequência complementar, mas também o reverso da sequência complementar.

```python
# Exibindo a sequencia reverso complementar com
# Biopython
from Bio.Seq import Seq
minha_sequencia = Seq("AGTACACTGGT")
print minha_sequencia.reverse_complement()
# ACCAGTGTACT
```

O método *reverse_complement( )* gera a sequência reversa complementar de um objeto de Seq.

9.4 Transcrição

O processo de transcrição permite a formação do RNA mensageiro com base na região codificante do DNA. Computacionalmente falando podemos analisar a transcrição como um processo de modificações em *strings*.

Fita de DNA (região codificante)

5'   ATGGCCATTCGCAAGGGTGCCCGATAG   3'

3'   CTATCGGGCACCCTTGCGAATGGCCAT   5'

Fita de DNA reversa complementar

|

Transcrição

↓

5'   AUGGCCAUUCGCAAGGGUGCCCGAUAG   3'

RNA mensageiro

Vamos reproduzir o exemplo acima com a função *transcribe( )* do Biopython:

```python
from Bio.Seq import Seq
from Bio.Alphabet import IUPAC
dna = Seq("ATGGCCATTCGCAAGGGTGCCCGATAG", \
IUPAC.unambiguous_dna)
print "DNA: "+dna
# DNA: ATGGCCATTCGCAAGGGTGCCCGATAG
rna = dna.transcribe()
print "RNA: "+rna
#RNA: AUGGCCAUUCGCAAGGGUGCCCGAUAG
dna2 = rna.back_transcribe()
print "DNA: "+dna2
#DNA: ATGGCCATTCGCAAGGGTGCCCGATAG
```

Dessa vez optamos em declarar que iremos trabalhar com uma sequência de DNA. Para isso foi necessário declarar que do pacote *Bio.Alphabet*, usado em objetos Seq para sequências que contém um número finito de palavras similares, seria usado o módulo IUPAC, que define padrões de alfabetos para nucleotídeos e proteínas definidos pela *International Union of Pure and Applied Chemistry*.

Em nosso exemplo, a variável *dna* recebe uma sequência cujo dicionário é declarado como *unambiguous_dna*, ou seja, apenas as letras GATC são permitidas nas sequências. Observe que aplicando *dna.transcribe( )* à variável *rna*, a *string* presente no objeto Seq em *dna* é transcrita e armazenada. Para retorná-la a forma original é possível aplicar o método *back_transcribe( )* a varíavel *rna*.

9.5 Tradução

No processo de tradução, a sequência de RNA mensageiro será utilizada como molde para a junção dos aminoácidos, e assim, a formação da proteína.

5'   AUGGCCAUUCGCAAGGGUGCCCGAUAG   3'

RNA mensageiro

|

Tradução

↓

MAIRKGAR

Proteína

Inicialmente vamos simular o processo de tradução com base em uma sequência de RNA:

```
from Bio.Seq import Seq
from Bio.Alphabet import IUPAC
rna = Seq("AUGGCCAUUCGCAAGGGUGCCCGAUAG", \
IUPAC.unambiguous_rna)
proteina_rna = rna.translate()
print proteina_rna
# MAIRKGAR*
```

O método *translate( )* permite converter uma sequência de RNA mensageiro em uma sequência de aminoácidos. Observe que no exemplo impresso há um caractere * ao final da sequência. Esse caractere representa o *stop codon. Codons* são sequências de três bases de nucleotídeos que ao serem lidos durante o processo de tradução representam um determinado aminoácido, ou no caso do *stop codon*, uma sequência que avisa a maquinaria celular que a tradução chegou ao fim.

A função *translate( )* também pode ser utilizada para traduzir diretamente sequências de DNA, sem necessidade de simular o processo de transcrição.

```python
from Bio.Seq import Seq
from Bio.Alphabet import IUPAC
dna = Seq("ATGGCCATTCGCAAGGGTGCCCGATAG", \
IUPAC.unambiguous_dna)
proteina_dna = dna.translate()
print proteina_dna
# MAIRKGAR*
```

Capítulo 10 - Sequências

Além do pacote Bio.Seq, Biopython também fornece o pacote Bio.SeqIO para leitura e gravação de sequências, com suporte para os formatos: abi, ace, clustal, embl, fasta, fastq, fastq-solexa, fastq-illumina, genbank ou gb, ig, imgt, nexus, phd, phylip, pir, seqxml, sff, stockholm, swiss, tab, qual e uniprot-xml.

Neste capítulo abordaremos técnicas para manipulação de sequências usando Biopython e até mesmo funções básicas do Python.

10. 1 Concatenando sequências

Você pode unir sequências usando as funcionalidades do Python. Neste exemplo, uniremos quatro sequências de nucleotídeos e armazenaremos o resultado final na variável *seq_final*.

```python
from Bio.Seq import Seq
seq1 = Seq('AAA')
seq2 = Seq('TTT')
seq3 = Seq('CCC')
seq4 = Seq('GGG')
seq_final = seq1 + seq2 + seq3 + seq4
print seq_final
# AAATTTCCCGGG
```

10.2 Comparando sequências

Usando comandos condicionais e operadores é possível realizar comparações entre sequências.

```python
from Bio.Seq import Seq
```

```
seq1 = Seq("AACCGGTT")
seq2 = Seq("AACCGGTT")
seq3 = Seq("TTCCAAGG")

if str(seq1) == str(seq2):
        print "seq1 igual a seq2"

else:
        print "seq1 diferente de seq2"


if str(seq1) == str(seq3):
        print "seq1 igual de seq3"

else:
        print "seq1 diferente de seq3"
```

Nesse exemplo, a sequência *seq1* é inicialmente comparada com *seq2*. Em seguida, é feita uma comparação de *seq1* com *seq3*. Ao executar esse *script*, você obterá como resultado: "*seq1 igual a seq2*" e "*seq1 diferente de seq3*".

Para realizar comparações entre sequências é necessário comparar diretamente as *strings*, sendo necessário usar a função *str( )*. Observe que é considerado uma boa prática inserir um comando *else*, após o *if* para que, caso a condição não seja cumprida, uma mensagem avise ao usuário.

10.3 Analisando arquivos no formato FASTA

O formato de arquivos FASTA é um dos mais comuns padrões de armazenamento de sequências biológicas em Bioinformática. O padrão é definido por um cabeçalho iniciado pelo caractere ">", seguido por uma sequência de aminoácidos ou nucleotídeos nas linhas posteriores. O arquivo pode também apresentar múltiplas sequências (formato Multi-FASTA). Abaixo um exemplo de arquivo no formato FASTA.

```
>HEAD_SEQ
GTCACAGCATCGATCGATCGACACTAG
CATCGATCGATCGATCATCGATCACTA
GCATCGATCGATCGATCGATCATC
```

Crie um arquivo de texto com estrutura similar ao demonstrado acima. Lembre-se o cabeçalho deve começar com o caractere ">" e a sequência deve começar na linha abaixo a ele. Salve o arquivo com o título "*arquivo.fasta*". Você também pode encontrar esse arquivo no diretório exemplos do repositório do GitHub com os arquivos deste livro: <https://github.com/dcbmariano/biopython>.

Agora vamos analisá-lo com o Biopython:

```python
from Bio import SeqIO
for i in SeqIO.parse("arquivo.fasta", "fasta"):
    # imprime o cabecalho
    print i.id
    # imprime a sequencia
    print i.seq
    # imprime o tamanho da sequencia
    print len(i)
```

Após executar esse código você verá impresso na tela:

```
HEAD_SEQ
GTCACAGCATCGATCGATCGACACTA
GCATCGATCGATCGATCATCGATCACT
```

```
AGCATCGATCGATCGATCGATCATC
79
```

A função *SeqIO.parse( )* é a principal função do pacote Bio.SeqIO. No exemplo acima, ela permite a leitura de um arquivo FASTA e, a partir de um laço, armazena na variável *i* o objeto que lê informações do arquivo, como: cabeçalhos, sequências e tamanho (com o auxílio da função *len*).

10.4 Gravando sequências

Agora vamos ler arquivos no formato FASTA, extrair determinadas sequências que atendam algum requisito específico e gravar tais linhas em outro arquivo, também no formato FASTA.

Inicialmente crie um arquivo Multi-FASTA chamado *"arquivo1.fasta"* com o conteúdo abaixo:

```
>sequencia_1
GTCACAG
>sequencia_2
GTGTTGTGTGT
>sequencia_3
CTCAAACCCAT
>sequencia_4
AACCCATTTTTT
>sequencia_5
CCCCAAACCCAAATTT
```

Agora vamos analisar esse arquivo e extrair apenas sequências que atendam a duas condições:

(i)   sejam maiores do que 10 pb;

(ii)   iniciem com uma citosina.

```python
from Bio import SeqIO
entrada = open("arquivo1.fasta","r")
saida = open("arquivo2.fasta", "w")
for i in SeqIO.parse(entrada,"fasta"):

    # Condicao 1 (> 10 pb) | Condicao 2 == 'C'
    if ( (len(i.seq) > 10) and (i.seq[0] == 'C') ):
        SeqIO.write(i, saida, "fasta")
saida.close()
```

Observe que no código acima o arquivo FASTA foi lido através da função *open( )* e armazenado na variável *entrada*. Essa variável foi aplicada como parâmetro na função *SeqIO.parse( )*. As condições 1 e 2 foram validadas através de um comando *if* e unidas através do operador lógico *and*. Observe que parênteses separam e organizam as a instruções condicionais.

O comando *SeqIO.write( )* recebe como argumentos o objeto Seq armazenado em *i*, a variável que armazena o arquivo de saída e o formato a qual o arquivo será salvo. Por fim, ele imprime as sequências que atendam as condições pré-estabelecidas dentro do arquivo criado e armazenado na variável *saida*.

Ao executar o código, você obterá como resultados que atendem aos requisitos solicitados apenas as sequências 3 e 5.

```
>sequencia_3
CTCAAACCCAT
>sequencia_5
CCCCAAACCCAAATTT
```

10.5 Analisando arquivos no formato GenBank

O GenBank é um banco de dados público mantido pelo *National Center for Biotechnology Information* (NCBI). O formato de arquivos GenBank engloba informações de sequências de nucleotídeos e sua tradução em aminoácidos, mantendo informações de anotações de proteínas, regiões codificantes em geral de um determinado organismo.

No próximo exemplo, utilizaremos o arquivo GenBank do plasmídeo pREB9 obtido em *Acaryochloris marina* MBIC11017. Faça o *download* do arquivo "NC_009934.gbk" no diretório exemplos do repositório do livro no GitHub. Observe que há diversas informações que variam desde o nome do organismo até mesmo os nomes dos autores envolvidos em uma publicação de um artigo sobre esse organismo. Agora vamos analisá-lo com a função *parse* do pacote SeqIO.

```python
from Bio import SeqIO
for seq_record in SeqIO.parse("NC_009934.gbk", "genbank"):
    # imprime o cabecalho
    print seq_record.id
    # imprime a sequencia
    print seq_record.seq
    # imprime o tamanho da sequencia
    print len(seq_record)
```

Assim como na análise de arquivos FASTA, ao executa os comandos acima em um *script*, você obterá informações como *id*, sequência e tamanho.

10.6 Obtendo o nome de produtos codificados de um arquivo Gen-Bank

Arquivos GenBank contém informações de anotações, como por exemplo, nomes e posicionamento de genes. É possível obtê-los através do módulo SeqIO.

```
from Bio import SeqIO
# Recebendo arquivo GBK
exemplo = SeqIO.read("NC_009934.gbk", "genbank")
for i in exemplo.features:
        print i
```

O exemplo acima imprime na tela todas as *features* (campos onde são armazenadas algumas características do organismo) de um arquivo Gen-Bank. Se quisermos obter o nome de produtos codificados podemos utilizar a seguinte sintaxe:

```
from Bio import SeqIO
# Recebendo arquivo GBK
exemplo = SeqIO.read("NC_009934.gbk", "genbank")
for i in exemplo.features:
        if i.type == 'CDS':
                print i.qualifiers['product']
```

Observe que inicialmente validamos se a *feature* é do tipo "CDS". Informações sobre nomes de produtos estão armazenadas em *features* do tipo "CDS", assim caso tente imprimir o campo onde estão armazenados os nomes de produtos sem essa validação seu programa apresentará um erro de execução. É necessário que o campo *qualifiers['product']* exista na *feature* para que não ocorram erros durante a execução do laço.

Se você executou com perfeição os procedimentos descritos acima, obterá como resultado:

```
['hypothetical protein']
['hypothetical protein']
['hypothetical protein']
['hypothetical protein']
```

Você também poderá imprimir outras informações de *features,* como por exemplo: tipo (*type*), localização (*location*), além de *locus tag* (*qualifiers['locus_tag']*), *id* da proteína (*qualifiers[protein_id]*) e sequência traduzida (*qualifiers['translation']*).

10.7 Convertendo arquivos GenBank para FASTA

Biopython permite a conversão de formatos de arquivos de maneira simples. Usando o arquivo baixado anteriormente, vamos convertê-lo para formato FASTA através da função *SeqIO.convert( )*. Essa função recebe como parâmetros o nome do arquivo que será convertido, o formato desse arquivo, o novo nome após a conversão e o novo formato.

```
from Bio import SeqIO
SeqIO.convert("NC_009934.gbk", "genbank", \
"NC_009934.fasta", "fasta")
```

Para mais informações sobre o módulo Bio.SeqIO acesse: <http://biopython.org/wiki/SeqIO>.

Capítulo 11 - BLAST

BLAST (*Basic Local Alignment Search Tool* ou Ferramenta de Busca de Alinhamento Local Básico) é uma ferramenta de comparação entre sequências primárias (nucleotídeos ou aminoácidos) que utiliza um algoritmo de programação dinâmica para alinhamento local. BLAST apresenta uma metodologia de grande eficiência para comparação par-a-par entre sequências, quanto comparação de uma sequência com uma grande base de dados.

A versão mais recente do BLAST foi introduzida em 2009 pelo NCBI. A suíte de aplicativos *stand-alone* BLAST+ foi construída com a linguagem C++, o que permitiu uma maior performance e uma melhoria nos recursos das aplicações. Assim, a suíte apresenta cinco aplicativos: blastn, blastp, blastx, tblastn e tblastx.

blastn	Compara uma sequência de nucleotídeos contra uma base de dados de sequência de nucleotídeos.
blastp	Compara uma sequência de aminoácidos contra uma base de dados de sequência de proteínas.
blastx	Compara uma sequência de nucleotídeos traduzida, em todos os quadros de leitura, contra uma base de dados de sequência de proteínas.
tblastn	Compara uma sequência de proteína contra uma base de dados de sequência de nucleotídeos traduzida dinamicamente em todos os quadros de leitura.
tblastx	Compara os seis quadros de leitura traduzidos de uma sequência de nucleotídeos contra os seis quadros de leitura traduzidos de uma base de dados de sequência de nucleotídeos.

Em Bioinformática, BLAST é uma ferramenta tão difundida que poderíamos afirmar que BLAST é a ferramenta favorita de 11 em cada 10 bioinformatas (BLAST S2). Brincadeiras a parte, Biopython apresenta o pacote *Bio.Blast* que permite o uso do BLAST tanto com bases de dados locais quanto *online*.

11.1 Executando BLAST pela internet

BLAST pode ser executado *online* pelo Website oficial no NCBI <http://blast.ncbi.nlm.nih.gov>, entretanto o módulo *Bio.Blast* possui o método *qblast* que permite a execução de buscas através de *scripts* em Python.

A sintaxe do método é: "*NCBIWWW.qblast(parâmetros)*". Sendo os parâmetros:

program	blastn, blastp, blastx, tblastn ou tblastx.
database	Base de dados a qual será feita a busca (ex.: nr).
sequence	Sequência que será buscada.
descriptions	Número de descrições que serão exibidas (valor padrão: 500).
alignments	Número de alinhamentos que serão exibidos (valor padrão: 500).
expect	Valor de *cutoff* esperado (valor padrão: 10.0).
matrix_name	Especificar uma matriz de pontuação (PAM30, PAM70, BLOSUM80, BLOSUM45).
filter	Valor "nome" desativa filtragem.

format_type	"HTML", "Text", "ASN.1" ou "XML" (valor padrão: "XML").
hitlist_size	Número de resultados exibidos (valor padrão: 50).
megablast	TRUE/FALSE: Ativa o algoritmo MEGABLAST (exclusivo para blastn).
service	plain, psi, phi, rpsblast, megablast.

Para testarmos as buscas na base de dados *nt* do NCBI com BLAST através do método *qblast( )*, primeiro crie um arquivo chamado *exemplo.fasta*.

```
>beta-glucosidase_parcial_mRNA
CGTGTGCTTGCGCTACTGCTTGGTCTCACTGTGTGAA
CAACTGCTGCCGCCGCCTGCCGGCGGTGTGCTC
```

Agora vamos criar um *script* chamado *blast.py* (*script c11_s1.py* no GitHub).

```
from Bio.Blast import NCBIWWW
from Bio import SeqIO
arquivo = SeqIO.read("exemplo.fasta", format="fasta")
print "Iniciando busca no NCBIWWW..."
resultado = NCBIWWW.qblast("blastn", "nt", \
arquivo.seq, format_type="Text")
print resultado.read()
print "Busca concluida."
```

Se você obteve ao final da execução a mensagem *"Busca concluida"*, sua consulta foi realizada com sucesso. Se o *script* travou com a mensagem

"Iniciando busca no NCBIWWW...", seu *script* provavelmente obteve algum problema ao conectar-se a banco de dados do NCBI. Recomenda-mos que aguarde alguns minutos. Se ainda não obtiver nenhum resultado tente interromper a execução do *script* (comando CONTROL + C) e exe-cutá-lo novamente (se estiver utilizando o Sublime Text pode ser neces-sário finalizar o aplicativo e abri-lo novamente). Lembre-se que é neces-sária conexão com a internet. Agora vamos entender melhor o que foi realizado nesse *script*.

No início do código, importamos o módulo NCBIWWW do pacote Bio.Blast e também o pacote SeqIO. O arquivo FASTA foi lido e aplica-do à variável *arquivo*. O método *qblast( )* recebeu como parâmetros o programa *blastn*, a base de dados *nt*, a sequência (*seq*) armazenada na variável *arquivo* e o tipo de formato a qual seria exibido o resultado: *"Text"*. O resultado da consulta foi armazenado na variável *resultado* e foi impresso através do comando *"print resultado.read( )"*. Observe que inserimos uma mensagem antes da execução do comando *qblast( )*, indi-cando o início da busca, e outra após a execução, avisando sobre o térmi-no. A impressão de mensagens na tela é importante para detectarmos em qual ponto do código há maior tempo de execução. Por se tratar de um comando que faz uma consulta remota à base de dados do NCBI, não podemos definir com precisão qual o tempo total de execução. Em nossos testes, obtivemos consultas realizadas entre 9 s e 267 s, entretanto esse número irá variar de acordo com a conexão com a internet do usuário.

O formato *Text* nos dá uma visualização simples dos resultados, entretan-to podemos obter uma visualização mais eficiente utilizando o formato XML. Entretanto, a análise de arquivos no formato XML é um pouco mais complexa.

11.2 Analisando resultados de BLAST no formato XML

Vamos alterar o *script* anterior para obter como resultado um arquivo no formato XML. Por fim, vamos ler esse arquivo XML e imprimi-lo formatado na tela.

```python
from Bio.Blast import NCBIWWW
from Bio.Blast import NCBIXML
from Bio import SeqIO
arquivo = SeqIO.read("exemplo.fasta", format="fasta")
print "Iniciando busca no NCBIWWW..."
resultado = NCBIWWW.qblast("blastn", "nt", \
arquivo.seq, format_type="XML")
print "Busca concluida. Salvando resultados..."
saida = open("blast_resultado.xml", "w")
saida.write(resultado.read())
saida.close()
# Lendo arquivos XML
arquivo_xml = open("blast_resultado.xml","r")
dados = NCBIXML.parse(arquivo_xml)
item = next(dados)
i = 1
for a in item.alignments:
        for hsp in a.hsps:
                print 'Alinhamento',i
                print 'Sequencia: '+a.title
                print 'Tamanho: ',a.length
                print 'Score: ',hsp.score
                print 'Gaps: ',hsp.gaps
                print hsp.query
                print hsp.match
                print hsp.sbjct
                print "\n"
                i+=1
print "Executado com sucesso."
```

Para a análise de arquivos em XML foi necessário importar o módulo NCBIXML. Esse módulo possui dois métodos: *read* para leitura de resultados de BLAST em arquivos XML e *parse* para análise iterativa de resultados. Em nosso exemplo anterior, após o fechamento do arquivo XML utilizamos a função *open( )* para reabrí-lo novamente. Você deve estar pensando que essa não é a melhor maneira de realizar esta tarefa, e tem razão, afinal por que fecharíamos um arquivo e na próxima linha o abriríamos novamente? O programa perde em desempenho, entretanto essa é a forma mais didática de explicar como analisar arquivos XML.

Após a abertura do arquivo XML os comandos *"dados = NCBIXML.parse(arquivo_xml)"* e *"item = next(dados)"* permitem a ler o arquivo XML iterativamente e receber o próximo item em uma iteração, respectivamente. É declarada uma variável *i* que recebe o valor 1. Essa variável será utilizada como contador na impressão dos alinhamentos. Em seguida, dois laços de repetição percorrem os itens da lista de alinhamentos e para cada alinhamento é analisado o conteúdo de *hsp* (*high-scoring segment pairs* ou pares de segmentos de alta pontuação), onde estão contidos os resultados de pontuações de alinhamento (*score*), falhas no alinhamento (*gaps*), sequências buscadas (*query*), sequências correspondentes nos bancos de dados (*sbjct*) e as partes semelhantes entre sequências (*match*).

Se tudo ocorrer sem erros, o usuário recebe na tela mensagem: *"Executado com sucesso."*.

11.3 Realizando BLAST local

Executar o BLAST localmente permite que suas buscas sejam realizadas com menor tempo. Ainda permite que você construa bases de dados personalizadas. Para executar o BLAST local, Biopython requer que a suíte de aplicativos BLAST+ esteja instalada. A última versão da suíte BLAST+   pode   ser   obtida   em:

<ftp://ftp.ncbi.nlm.nih.gov/blast/executables/blast+/LATEST/>   e   tem suporte para sistemas operacionais Windows, Linux e MacOS.

Biopython trata o BLAST como um *Wrapper* (uma ferramenta que pode ser acessada através de outra ferramenta), e fornece métodos de acesso através do módulo *Applications* do pacote *Blast*. Para isso, Biopython permite a construção de linhas de comando que executarão o BLAST, e por fim, essas serão executadas através do Python.

Como exemplo, vamos comparar duas sequências de nucleotídeos. Faça uma cópia do arquivo *exemplo.fasta*, criado anteriormente (ou obtê-lo no diretório *exemplos* do GitHub). Pode chamá-lo de *exemplo2.fasta*. Faça algumas modificações no arquivo, como por exemplo, insira um número dois no cabeçalho e altere o quinto nucleotídeo de "T" para "A". Agora vamos compará-los com BLAST. Veja:

```
from Bio.Blast.Applications import *

comando_blastn = NcbiblastnCommandline( \
query="exemplo.fasta", subject="exemplo2.fasta", \
outfmt=0, out="out.txt")
print comando_blastn

# Executando
stdout, stderr = comando_blastn()

# Abrindo resultado
blast_result = open("out.txt","r")

linhas = blast_result.read()
print linhas
```

É possível determinar se o BLAST foi executado com sucesso se você obtiver como resultado algo similar a:

```
/usr/local/ncbi/blast/bin/blastn -out out.txt -outfmt 0 -query exem-
plo.fasta -subject exemplo2.fasta

BLASTN 2.2.27+

Query= beta-glucosidase_parcial_mRNA

...
```

Entretanto, se você obtiver como resultado: *"blastn: command not found"*, provavelmente o comando *blastn* não está declarado na variável $PATH. Você pode corrigir esse problema inserindo no seu *script* uma variável com localização do executável *blastn* e declarando essa variável no método *NcbiblastnCommandline( )*.

Em geral, BLAST+ é instalado nos diretórios:

- *"/usr/bin/blastn"* no Linux;
- *"/usr/local/ncbi/blast/bin/blastn"* no MacOS;
- *"C:\Program Files\NCBI\blast-2.2.31+\bin\blastn"* no Windows.

Entretanto, o endereço dos diretórios pode variar de acordo com a versão do BLAST ou do Sistema Operacional. Você pode tentar encontrá-lo via terminal utilizando os seguintes comandos:

- *"whereis blastn"* ou *"locate blastn"* no Linux;
- '*mdfind "kMDItemFSName=blastn"*' no MacOS;
- no Windows abra um diretório qualquer, pressione F3 e busque por *"blastn"*.

Por exemplo, no MacOS o *script* correto ficaria desta forma:

```
from Bio.Blast.Applications import *

blastn = "/usr/local/ncbi/blast/bin/blastn"
```

```
comando_blastn = NcbiblastnCommandline(cmd=blastn, \
query="exemplo.fasta", subject="exemplo2.fasta", \
outfmt=0, out="out.txt")
print comando_blastn

# Executando
stdout, stderr = comando_blastn()

# Abrindo resultado
blast_result = open("out.txt","r")


linhas = blast_result.read()
print linhas
```

Caso deseje executar esse *script* em um sistema operacional diferente, altere o valor da variável *blastn*.

Nesse *script* gostaríamos de destacar a maneira com a qual a linha de comando foi executada. A classe *NcbiblastnCommandline( )* inicialmente gera a linha de comando. Assim, a execução só é realizada com a chamada do objeto criado, e quando isso ocorre duas variáveis recebem os resultados dessa chamada: (i) *stdout*, que recebe a saída da execução, e (ii) *stderr*, que recebe o log de erros.

11.4 Parâmetros do BLAST

Parâmetros do BLAST podem ser aplicados a classe *NcbiblastnCommandline( )*. Veja alguns parâmetros abaixo:

db	Nome do banco de dados BLAST. *Input*: *string*; valor padrão: *none* (nenhum).
query	Nome de um arquivo para busca. *Input*: *string*; valor

	padrão: requer o nome de um arquivo.
out	Nome do arquivo onde os resultados de BLAST serão salvos. *Input*: *string*; valor padrão: *stdout*.
evalue	E-value. *Input*: real; valor padrão: 10.0.
subject	Arquivo com sequências onde será realizada a busca. *Input*: *string*; valor padrão: *none*.
num_threads	Número de *threads* (CPUs) usadas em buscas pelo BLAST. *Input*: inteiro; valor padrão: 1.
word_size	Tamanho mínimo do fragmento de sequência usado na busca. *Input*: valor inteiro; valores padrões: (i) blastn: 11; (ii) blastp: 3; (iii) blastx: 3; (iv) tblastn: 3; (v) tblastx: 3; (vi) rpsblast: 40; (vii) megablast: 28;
matrix	Define a matriz de pontuação usada no alinhamento (usado em alinhamento de proteínas). *Input*: *string*; valor padrão: "BLOSSUM 62".
outfmt	Opções de visualização de alinhamentos. Pode variar de 0 a 14. *Input*: *string*; valor padrão: "0". 0 = par a par (textual), 1 = *query-anchored* mostrando identidades, 2 = *query-anchored* sem identidades, 3 = *flat query-anchored* (mostra identidade), 4 = *flat query-anchored* (sem identidades), 5 = XML, 6 = tabular, 7 = tabular com linhas comentadas, 8 = Textual ASN.1, 9 = Binário ASN.1, 10 = Valores separados por vírgula, 11 = Formato de arquivo BLAST (ASN.1), 12 = Saída JSON Seqalign, 13 = Saída JSON Blast,

14 = Saída XML2 Blast

11.5 Resultados de BLAST em formato tabular

Até agora, analisamos resultados de BLAST em formato textual par a par e em formato XML, entretanto o formato tabular (6) pode auxiliar na visualização em paralelo de diversos resultados, podendo ser aberto através de editores de planilhas, como MS Office Excel ou o Calc, ou facilmente analisado através de *scripts*. Por padrão o formato tabular exibe os seguintes resultados: *'qseqid sseqid pident length mismatch gapopen qstart qend sstart send evalue bitscore'*, entretanto outras opções podem ser adicionadas. Vamos entender o que cada um desses elementos representa:

qseqid	Nome da sequência usada na busca (*query*). Pode ser utilizada mais de uma sequência (arquivo Multi-FASTA).
qlen	Tamanho da sequência usada na busca (*query*).
sseqid	Nome da sequência a qual é realizada a busca (*subject*). Pode ser utilizada mais de uma sequência (arquivo Multi-FASTA).
slen	Tamanho da sequência a qual é realizada a busca (*subject*).
qstart	Posição de início do alinhamento na *query*.
qend	Posição de término do alinhamento na *query*.
sstart	Posição de início do alinhamento no *subject*.
send	Posição de término do alinhamento no *subject*.

evalue	Valor mínimo esperado para o *evalue*.
score	Valor de pontuação.
length	Indica tamanho do alinhamento.
pident	Indica o percentual de correspondências idênticas (nucleo-tídeos/aminoácidos).
nident	Indica o número de correspondências idênticas (nucleotí-deos/aminoácidos).
mismatch	Indica o número de *mismatches* (nucleotídeos/aminoácidos diferentes em um alinhamento).
positive	Número de nucleotídeos/aminoácidos idênticos.
gapopen	Número de *gaps* abertos.
gaps	Número de *gaps* existentes.
ppos	Percentual de nucleotídeos/aminoácidos classificados co-mo positivos.
bitscore	Pontuação *bit*.

No exemplo abaixo, vamos gravar em um arquivo os atributos: *qlen, qstart, qend, slen, sstart, send, positive, gaps, mismatch* e *pident*.

```python
from Bio.Blast.Applications import *

comando_blastn = NcbiblastnCommandline(query= \
"example.fasta", subject="example2.fasta", \
outfmt="'6 qlen qstart qend slen sstart send \
positive gaps mismatch pident'", out="out.txt")
print comando_blastn

# Executando
stdout, stderr = comando_blastn()

# Abrindo resultado
blast_result = open("out.txt","r")

linhas = blast_result.read()
print linhas
```

Observe a forma a qual o parâmetro *outfmt* é inserido na classe *NcbiblastnCommandline( )*. O valor contido em *outfmt* é registrado com aspas duplas seguido de aspas simples. Isso ocorre pois Biopython requer aspas duplas no parâmetro, e registra o conteúdo da variável como do tipo inteiro. Ao inserir as aspas simples após as aspas duplas, forçamos Biopython a enviar o argumento como *string*. Isso só é possível devido ao fato de estamos utilizando um *wrapper* e do BLAST aceitar como argumentos valores inteiros e *strings* no campo *outfmt*.

Se você executou o *script* com os arquivos de exemplo criados anteriormente, você deve ter obtido um resultado similar a este:

blastn -out out.txt -outfmt '6 qlen qstart qend slen sstart send positive gaps mismatch pident' -query exemplo.fasta -subject exemplo2.fasta

70	1	70	70	1	70	69	0	1

98.57

Na primeira linha temos a impressão do comando criado. A seguir os resultados na respectiva ordem: tamanho da sequência *query* (70), posição primeiro nucleotídeo do alinhamento na *query* (1), posição do último nucleotídeo do alinhamento na *query* (70), tamanho da sequência *subject* (70), posição primeiro nucleotídeo do alinhamento no *subject* (1), posição do último nucleotídeo do alinhamento no *subject* (70), número de nucleotídeos idênticos (69), número de *gaps* (0), número de *mismatches* (1) e percentual de identidade (98,57%).

11.6 Outras classes do *Bio.Blast.Applications*

Nos exemplos demonstrados anteriormente, apresentamos alinhamentos de nucleotídeos com a ferramenta *blastn*, entretanto é possível realizar alinhamentos utilizando as outras ferramentas da suíte BLAST+. Para isso é necessário apenas algumas alterações nos métodos utilizados. Segue abaixo, algumas classes do módulo *Applications* do pacote *Bio.Blast*:

Ncbiblastp Commandline( )	Permite alinhamentos de sequências de proteínas com outras sequências de proteínas (*blastp*).
Ncbiblastx Commandline( )	Permite a comparação de uma sequência de nucleotídeos traduzidas, em todos os quadros de leitura, contra uma base de dados de sequências de proteínas (*blastx*).
Ncbitblastn	Permite a comparação de uma sequência de proteína contra uma base de dados de sequência de

Commandline( )	nucleotídeos traduzida dinamicamente em todos os quadros de leitura (*tblastn*).
Ncbitblastx **Commandline( )**	Permite a comparação de seis quadros de leitura traduzidos de uma sequência de nucleotídeos contra os seis quadros de leitura traduzidos de um banco de dados sequência de nucleotídeos (*tblastx*).
Ncbipsiblast **Commandline( )**	Permite o uso do programa psiblast. Exemplo: *NcbipsiblastCommandline(cmd='psiblast', help=True)*
Ncbirpsblast **Commandline( )**	Permite o uso do programa rpsblast. Exemplo: *NcbirpsblastCommandline(cmd=rpsblast, help=True)*
Ncbirpstblastn **Commandline( )**	Permite o uso do programa rpstblastn. Exemplo: *NcbirpstblastnCommandline(cmd=rpstblastn, help=True)*
Ncbideltablast **Commandline( )**	Permite o uso do programa deltablast (para proteínas). Exemplo: *NcbideltablastCommandline(cmd='deltablast', query='rosemary.pro', db='nr', evalue=0.001, remote=True)*

Ncbiblastforma tterCommand line( )	Permite a conversão de arquivos ASN.1 para outros formatos de saída BLAST. Exemplo: *NcbiblastformatterCommand-line(cmd='blast_formatter', out='exemplo.xml', outfmt=5, archive='exemplo.asn')*

Para mais informações sobre o pacote Bio.Blast, acesse: <http://biopython.org/DIST/docs/tutorial/Tutorial.html#htoc84>.

11.7 Construindo seu próprio banco de dados (opcional)

Em alguns casos, comparações entre uma sequência (*query*) e um grande quantidade de sequências (*subject*), como por exemplo um arquivo Multi-FASTA com centenas de milhares de sequências, pode demandar uma grande quantidade de tempo. Assim, torna-se viável a criação de bancos de dados que facilitem o trabalho de busca.

Infelizmente, Biopython não fornece métodos para criação de bancos de dados, entretanto é possível utilizar o comando *makeblastdb* da suíte BLAST+ para realizar essa tarefa.

Como exemplo, vamos converter nosso arquivo *exemplo.fasta* em um banco de dados (Linux e MacOS X; para windows acrescente o endereço completo do programa *makeblastdb*).

```
makeblastdb -in exemplo.fasta -dbtype 'nucl' -out exemplo_db -title ex-
emplo_db
```

Você perceberá que três novos arquivos foram criados: *exemplo_db.nhr*, *exemplo_db.nin* e *exemplo_db.nsq*.

Agora vamos modificar o *script* usado anteriormente, substituindo o parâmetro *subject* por *db* e acrescentando o nome do banco de dados criado anteriormente: *exemplo_db*. Não se esqueça de alterar o nome da *query*, afinal criamos nossa base de dados com o arquivo *exemplo.fasta*, logo faz mais sentido compararmos o arquivo *exemplo2.fasta* com o banco de dados criado.

```python
from Bio.Blast.Applications import *

comando_blastn = NcbiblastnCommandline( \
query="example2.fasta", db="exemplo_db", \
outfmt="'6 qlen qstart qend slen sstart send \
positive gaps mismatch pident'", out="out.txt")
print comando_blastn

# Executando
stdout, stderr = comando_blastn()

# Abrindo resultado
blast_result = open("out.txt","r")

linhas = blast_result.read()
print linhas
```

Você notou que o *script* pode ser executado mais rápido? É claro que não! Diferenças só serão perceptíveis com grandes bancos de dados.

Capítulo 12 - PDB

O *Protein Data Bank* (PDB) é um banco de dados que armazena estruturas tridimensionais de proteínas. O PDB é um banco de dados fundamental nas áreas de biologia estrutural, sendo o alicerce de uma sub-área da Bioinformática conhecida como Bioinformática Estrutural.

O PDB é mantido por uma organização internacional chamada *Worldwide Protein Data Bank* (wwPDB) e pode ser acessado em: <http://www.wwpdb.org/>. A base de dados também pode ser acessada através das organizações PDBe (http://www.pdbe.org), PDBj (http://www.pdbj.org) ou RCSB (http://www.rcsb.org).

O formato de armazenamento PDB apresenta um arquivo textual, o qual cada linha representa um determinado recurso, como por exemplo, linhas iniciadas com ATOM representam átomos específicos de uma proteína. Abaixo vemos como exemplo um fragmento de um arquivo PDB (código de identificação 1BGA).

```
HEADER   GLYCOSIDASE                04-APR-97  1BGA
ATOM     1 N  THR A  2    61.990 84.851 70.908 1.00 32.14       N
ATOM     2 CA THR A  2    62.828 85.531 69.934 1.00 20.14       C
ATOM     3 C  THR A  2    62.799 85.087 68.476 1.00 17.99       C
```

Para mais informações acesse a documentação de formatos de arquivos PDB em: <http://www.wwpdb.org/documentation/file-format>.

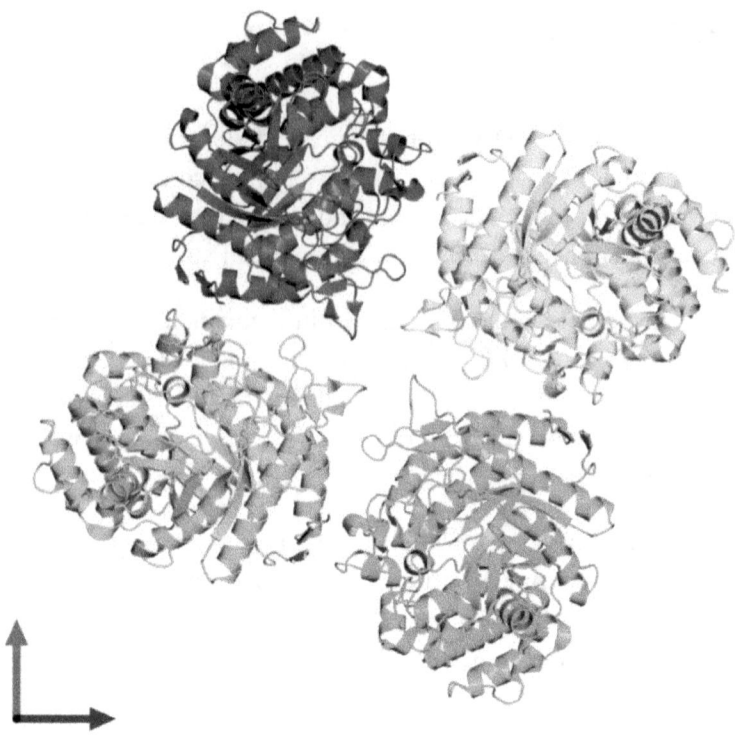

Exemplo de arquivo PDB (código 1BGA) - extraído do PDBe (http://www.ebi.ac.uk/pdbe/node/1).

12.1 Pacote PDB

Em 2003, Thomas Hamelryck e Bernard Manderick desenvolveram um conjunto de classes para analisar arquivos e estruturas do PDB em Python (pacote Bio.PDB). Eles definiram que uma proteína poderia ser representada através de cinco classes hierárquicas: (i) estrutura; (ii) modelo; (iii) cadeia; (iv) resíduo; e (v) átomo. Sendo possível obter os objetos filhos a partir de seus pais utilizando um identificador:

- modelo (*model*) = estrutura[0] (*structure*[0])
- cadeia (chain) = modelo['A'] (*model*['A'])

- resíduo (*residue*) = cadeia[1] (*chain*[1])
- átomo (*atom*) = resíduo['CA'] (*residue*['CA'])

Eles afirmam que essa estrutura de dados é altamente eficaz para acessar dados em arquivos PDB. Nessa hierarquia, cada modelo pode ter um ou mais estruturas (apesar de modelos cristalográficos obtidos por cristalografia de raio-x apresentarem apenas uma estrutura, os modelos obtidos por ressonância magnética podem apresentar várias); cada estrutura pode ter uma ou mais cadeias, que são representadas através de caracteres (A, B, C, *etc.*); cada cadeia apresenta diversos resíduos, que podem ser acessados através de sua posição; e cada resíduo apresenta átomos, que são acessados a partir de um código de dois caracteres (ex.: "CA" representa "carbono alfa").

O pacote PDB requer o pacote NumPy. Para mais informações acesse: <http://www.numpy.org>.

12.2 Baixando arquivos PDB

Antes de analisarmos arquivos PDB é necessário baixá-los de bancos de dados públicos. Como exemplo utilizaremos a proteína Beta-glicosidase A do organismo *Bacillus polymyxa* (código PDB 1BGA). A maneira mais comum de fazer o download é através de um dos *Websites* que fornecem acesso aos dados do PDB. Por exemplo, você pode acessar <http://www.rcsb.org/pdb/files/1bga.pdb> e fazer o *download* do arquivo PDB no formato texto *PDB File (Text)*.

Entretanto, Biopython também fornce métodos de *download* através da classe *PDBList* e do método *retrieve_pdb_file( )*.

```
from Bio.PDB import *

# Fazendo download da estrutura 1BGA
```

```
pdb = PDBList()
pdb.retrieve_pdb_file('1BGA')
```

Ao executar esse código a seguinte mensagem será exibida: "*Downloading PDB structure '1BGA'...*". Em seguida, uma pasta chamada *bg* será criada e dentro dela haverá um arquivo chamado "*pdb1bga.ent*". Agora vamos analisar esse arquivo.

Primeiro, o renomeie para 1BGA.pdb. Agora crie um novo *script* chamado "*pdb_parser.py*" no mesmo diretório do arquivo PDB.

```
# Importando Bio.PDB
from Bio.PDB import *

# Criando um objeto PDBParser
parser = PDBParser()

# Declarando a estrutura
estrutura = parser.get_structure('BGA', '1BGA.pdb')
```

No código acima, inicialmente importamos o pacote Bio.PDB, em seguida criamos um objeto PDBParser, necessário para análise do arquivo PDB e, por fim, declaramos a estrutura do arquivo 1BGA.pdb com o nome BGA.

12.3 Obtendo informações do cabeçalho

A classe PDBParser fornece métodos para obtenção de amplos aspectos de arquivos PDB, como por exemplo cabeçalhos. Podemos obter as informações de cabeçalhos de um arquivo PDB e armazená-las em uma variável chamada "*cabecalho*" utilizando a função *get_header( )*. Entretanto, se você imprimir essa variável obterá um texto no formato *json* similar a este:

{'structure_method': 'x-ray diffraction', 'head': 'glycosidase', 'journal': 'AUTH J. SANZ-APARICIO, J. A. HERMOSO, M. MARTINEZ-RIPOLL

...

Nessa variável estão armazenados: o método de determinação da estrutura, informações de publicações sobre a proteína, quantidade de cadeias, palavras-chave, organismo, gene, dentre outras informações. Como pode ser percebido, a quantidade de dados armazenada no cabeçalho de um arquivo PDB é imensa. Entretanto é possível acessá-las individualmente.

```python
from Bio.PDB import *
parser = PDBParser()
estrutura = parser.get_structure('BGA', '1BGA.pdb')
cabecalho = parser.get_header()

# Metodo de determinacao da estrutura
metodo = estrutura.header['structure_method']

# Resolucao
resolucao = estrutura.header['resolution']

print "Metodo: ", metodo
print "Resolucao: ", resolucao

# Metodo:  x-ray diffraction
# Resolucao:  2.4
```

No exemplo anterior extraímos o método de determinação da estrutura tridimensional da proteína, além da resolução. Apesar de criarmos a variável *cabecalho* com todas as informações, obtemos as informações diretamente da variável *estrutura* através das chamadas de *estrutura.header['structure_method']* para determinação do método, e *estrutura.header['resolution']* para determinação da resolução.

12.4 Navegando na estrutura do arquivo PDB

Agora aprenderemos a navegar pela estrutura de um arquivo PDB. Crie um novo arquivo chamado *"navegando.py"* e insira o código abaixo:

```python
from Bio.PDB import *

parser = PDBParser()

estrutura = parser.get_structure('BGA', '1BGA.pdb')

for modelo in estrutura:
    print "Modelo: ", modelo.id
    for cadeia in modelo:
        print "\t - Cadeia: ", cadeia.id
        for residuo in cadeia:
            print "\t\t - Residuo: ",residuo.resname, \
"(",residuo.id[1],")"
            for atomo in residuo:
                print "\t\t\t - Atomo:",atomo.name, \
                "-> Coordenadas: ( X:",atomo.coord[0], \
                "- Y:",atomo.coord[1],"- Z:", \
                atomo.coord[2],")"
```

Ao executar o *script* acima descrito, você obterá uma lista com todos os modelos, cadeias, resíduos e átomos da estrutura. Agora vamos analisar individualmente algumas partes desse código. No trecho:

```
for modelo in estrutura:
    print "Modelo: ", modelo.id
```

Um laço *for* percorre todos os modelos presentes na estrutura declarada. Como nossa estrutura possui apenas um modelo, o comando *print* exibirá na tela "Modelo: 0". No trecho:

```
for cadeia in modelo:
    print "\t - Cadeia: ", cadeia.id
```

Para cada modelo existente, um outro laço *for* busca todas as cadeias presentes. A estrutura "1BGA.pdb" possui quatro cadeias nomeadas de A a D. Assim, será impresso em pontos distintos: "- Cadeia: A", "- Cadeia: B", "- Cadeia: C" e "- Cadeia: D". Observe que inserimos no comando *print* os caracteres "\t". Esses caracteres indicam que antes do texto será impresso um espaçamento tabular, que será utilizado para facilitar a visualização dos resultados. Em:

```
for residuo in cadeia:
    print "\t\t - Residuo: ",residuo.resname, \
    "(",residuo.id[1],")"
```

Para cada cadeia, todos os resíduos serão impressos. Observe que duas variáveis são impressas: (i) nome do resíduo (*residuo.resname*); e (ii) posição do resíduo (*residuo.id[1]*). Observe que para aperfeiçoar a visualização dos resultados, desta vez foram inseridos dois espaçamentos (\t\t) para aumentar o recuo e diferenciar a impressão de resíduos da impressão de cadeias, além de parênteses para separar o nome do átomo de sua posição. Por fim, em:

```
for atomo in residuo:
    print "\t\t\t - Atomo:",atomo.name, \
```

```
"-> Coordenadas: ( X:",atomo.coord[0], \
"- Y:",atomo.coord[1], \
"- Z:",atomo.coord[2],")"
```

Para cada átomo presente em cada resíduo é impresso o nome do átomo (*atomo.name*), além das coordenadas espaciais X (*atomo.coord[0]*), Y (*atomo.coord[1]*) e Z (*atomo.coord[2]*).

Para cada resíduo, você obterá uma impressão com formatação similar a esta:

- Residuo: GLY (318)
      - Atomo: N -> Coordenadas: (X: 21.219 - Y: 33.363 - Z: 83.027)
      - Atomo: CA -> Coordenadas: (X: 22.569 - Y: 33.738 - Z: 83.411)
      - Atomo: C -> Coordenadas: (X: 23.646 - Y: 33.292 - Z: 82.434)
      - Atomo: O -> Coordenadas: (X: 24.817 - Y: 33.589 - Z: 82.64)

12.5 Removendo heteroátomos

No exemplo anterior você deve ter notado que diversos resíduos são registrados como "HOH".

- Residuo: HOH (602)
      - Atomo: O -> Coordenadas: (X: 24.992 - Y: 10.822 - Z: 67.761)

Heteroátomos são átomos que, na maioria dos casos, não pertencem necessariamente à estrutura da proteína, entretanto como suas coordenadas foram determinadas durante a obtenção da estrutura, eles são registrados nos arquivos PDB.

Em geral, a maior parte dos heteroátomos são moléculas de água ("HOH"). Assim, em alguns casos convém removê-los. Para isso, vamos alterar o *script* criado anteriormente e inserir um comando condicional que valida se um resíduo é ou não um heteroátomo. Veja como ficaria:

```
from Bio.PDB import *


parser = PDBParser()
estrutura = parser.get_structure('BGA', '1BGA.pdb')



for modelo in estrutura:
        print "Modelo: ", modelo.id
        for cadeia in modelo:
                print "\t - Cadeia: ", cadeia.id
                for residuo in cadeia:
                        if residuo.id[0] != ' ':
                                cadeia.detach_child( \
                                residuo.id)
                        else:
                                print "\t\t - Residuo: ",\
                                residuo.resname,"(", \
                                residuo.id[1],")"
                                for atomo in residuo:
                                        print \
"\t\t\t - Atomo:", atomo.name, \
"-> Coordenadas: ( X:",atomo.coord[0], \
"- Y:",atomo.coord[1], "- Z:",atomo.coord[2],")"
```

Nesse exemplo, o comando "*cadeia.detach_child(residuo.id)*" remove os resíduos que são heteroátomos (determinados por "*if residuo.id[0] != ' '*:").

12.6 Renumerando resíduos

Se o posicionamento de resíduos apresentar variações não contínuas, é possível reescrever as numerações. Para isso, insira um contador chamado *i*, que receberá o valor 1 antes do laço que lê cada resíduo. Em seguida, reescreva a numeração do resíduo com "*residue.id = (' ', i, ' ')*" e incremente o contador com "*i += 1*". Reescreva o código anterior, inserindo os trechos abaixo entre as linhas: "*print "\t - Cadeia: ", cadeia.id*" e "*for atomo in residuo:*". As modificações corrigirão erros de numeração em resíduos.

```
# [...]
i = 1
for residuo in cadeia:
    if residuo.id[0] != ' ':
        cadeia.detach_child(residuo.id)
    else:
        residue.id = (' ', i, ' ')
        i += 1
# [...]
```

12.7 Salvando as alterações realizadas

Apesar de termos feito diversas modificações em arquivos PDB, até o momento não salvamos nenhuma delas. Você pode salvar as alterações usando o módulo PDBIO (como exemplo instanciaremos um objeto chamado *w*), além dos métodos *set_structure*, que recebe um objeto com uma estrutura de um arquivo PDB, e *save,* que recebe como argumento o nome do novo arquivo PDB.

```
w = PDBIO()
w.set_structure(estrutura)
w.save('nova_1BGA.pdb')
```

Um novo arquivo chamado *"nova_1BGA.pdb"* será gravado no mesmo diretório em que está o *script*.

12.8 Extraindo outras informações de átomos e resíduos

Além do que foi apresentado até agora, Biopython ainda apresenta uma série de métodos para extração de informações de átomos e resíduos.

```
# ATOMOS
a.get_name()       # nome do atomo
a.get_id()         # id
a.get_coord()      # coordenadas atomicas
a.get_vector()     # coordenadas como vetor
a.get_bfactor()    # fator B
a.get_occupancy()  # ocupancia
a.get_altloc()     # localizacao alternativa
a.get_sigatm()     # parametros atomicos
a.get_anisou()     # fator B anisotropico
a.get_fullname()   # nome completo do atomo


# RESIDUOS
r.get_resname()    # retorna o nome do residuo
r.has_id(name)     # testa se ha certo atomo
```

12.9 Extraindo a estrutura primária

Podemos extrair a estrutura primária de cadeias de uma proteína usando a classe *CaPPBuilder()*.

Como exemplo, salvaremos a sequência da proteína 1BGA no formato FASTA em um arquivo chamado *1BGA.fasta*. Veja como ficaria o *script*:

```
from Bio.PDB import *
```

```
parser = PDBParser()
peptideos = CaPPBuilder()

estrutura = parser.get_structure('BGA', '1BGA.pdb')

# Criando um arquivo FASTA
w = open("1BGA.fasta","w")

for cadeia in estrutura[0]:
        cadeia_atual = cadeia.id

        for seq in peptideos.build_peptides(cadeia):
                seq_atual = seq.get_sequence()
                tamanho_seq_atual = len(seq_atual)
                seq_fasta = \
">Cadeia_%s_tamanho_%d\n%s\n" \
%(cadeia_atual,tamanho_seq_atual,seq_atual)
                print seq_fasta

                w.write(seq_fasta)

w.close()
```

Abrimos o arquivo FASTA na linha "*w = open("1BGA.fasta","w")*". A seguir, iniciamos um laço para percorrer todas as cadeias da primeira estrutura em "*for cadeia in estrutura[0]:*"; obtemos o nome da cadeia atual; iniciamos um novo laço para obter a estrutura primária em "*for seq in peptideos.build_peptides(cadeia):*"; obtemos a estrutura primária e o tamanho da sequência; e por fim, formatamos e gravamos os dados da variável "*seq_fasta*" no arquivo *1BGA.fasta*.

12.10 Medindo a distância entre dois átomos

Medir a distância entre átomos é importante para diversas tarefas em Bioinformática Estrutural, como por exemplo, o cálculo de contatos. Para isso, Biopython utiliza as coordenadas geográficas do átomo no espaço (X, Y e Z) e calcula a distância euclidiana entre eles.

A seguir, aprenderemos a calcular a distância entre carbonos alfa de dois diferentes resíduos. Entretanto, primeiro aprenderemos a acessar um resíduo específico dentro de uma cadeia.

Pode-se obter um resíduo específico da seguinte forma:

```
residuo = estrutura[modelo][cadeia][posicao_residuo]
```

O mesmo é válido para encontrar um átomo específico de um resíduo:

```
atomo = estrutura[modelo][cadeia][posicao_residuo][atomo]
```

Com essa informação já é possível calcular de maneira simples a distância entre dois átomos, dada em ångström (Å). Um ångström equivale a dez elevado a menos dez metros, ou seja, 1 Å = 0,0000000001 m.

Agora, veja como calcular a distância entre dois átomos:

```
from Bio.PDB import *

parser = PDBParser()

estrutura = parser.get_structure('BGA', '1BGA.pdb')

residuo_100_A = estrutura[0]['A'][100]['CA']
residuo_101_A = estrutura[0]['A'][101]['CA']
```

```
distancia = residuo_100_A - residuo_101_A

print distancia
# 3.79421
```

Nesse exemplo, é calculada a distância entre os carbonos alfa dos resíduos 100 e 101 da cadeia A (a qual a distância é 3,79421 Å). Biopython fornece a distância euclidiana através de uma simples operação de subtração entre os objetos que armazenam os átomos que se quer saber a distância.

12.11 Construindo uma matriz de distância todos contra todos

Agora vamos calcular a distância de todos contra todos os átomos de uma das cadeias e construir uma matriz de distância. Armazenaremos nossa matriz de distância em um arquivo tabular que pode ser acessado através de qualquer editor de planilhas.

```
from Bio.PDB import *

parser = PDBParser()
estrutura = parser.get_structure('BGA', '1BGA.pdb')

# Resultado sera gravado num arquivo tabular
w = open("matriz_distancia.txt","w")

# Preenchendo a primeira linha
for residuo in estrutura[0]['A']:
        if is_aa(residuo):
                rid = residuo.id[1]
                rname = \
Polypeptide.three_to_one(residuo.resname)
```

```python
                rnameid = "%s%s" %(rid,rname)
                w.write("\t")
                w.write(rnameid)


w.write("\n")



# Preenchendo a matriz
# comparacao todos contra todos - necessario 2 lacos
for residuo_C1 in estrutura[0]['A']:
        if is_aa(residuo_C1):

                # Gravamos a primeira coluna
                rid = residuo_C1.id[1]

                rname = \
Polypeptide.three_to_one(residuo_C1.resname)
                rnameid = "%s%s" %(rid,rname)
                w.write(rnameid)
                w.write("\t")

                # Segundo laco
                for residuo_C2 in estrutura[0]['A']:
                        if is_aa(residuo_C2):

                                # id e carbono alfa
                                rid1 = residuo_C1.id[1]
                                rid2 = residuo_C2.id[1]

                                ca1 = \
estrutura[0]['A'][rid1]['CA']
                                ca2 = \
estrutura[0]['A'][rid2]['CA']

                                # calculando distancias \
entre CA
```

```
                    distancia = ca1 - ca2

                    # imprimindo resultados
                    w.write(str(distancia))
                    w.write("\t")


            w.write("\n")

w.close()
```

Ao executar o *script* acima nada será exibido na tela, entretanto um arquivo chamado *matriz_distancia.txt* será criado no diretório. Você pode importar esse arquivo para um editor de planilhas (configure tabulações como separadores e marque o tipo de célula como texto para não ter problema com casas decimais). Assim, sua tabela deve apresentar centenas de resultados. Abaixo uma pequena fração da matriz de distância:

	T2	I3	F4	Q5
T2	0.0	3.80041	6.55643	9.83362
I3	3.80041	0.0	3.81633	6.36557
F4	6.55643	3.81633	0.0	3.79293
Q5	9.83362	6.36557	3.79293	0.0

Nesse exemplo vemos que o carbono alfa da treonina na posição dois está a ~3,8 Å do carbono alfa da isoleucina na posição três e a ~9,83 Å do carbono alfa da glutamina na posição cinco. Matrizes de distância entre resíduos podem ter diversas aplicações em Bioinformática Estrutural, entretanto não entraremos em detalhes quanto a seu uso e sim em compreender melhor o código presente no *script*. Para isso, vamos decompor o *script* em pequenas partes e analisá-las individualmente.

```python
from Bio.PDB import *

parser = PDBParser()
estrutura = parser.get_structure('BGA', '1BGA.pdb')

# Resultado sera gravado num arquivo tabular
w = open("matriz_distancia.txt","w")
```

Nesse trecho não temos muitas novidades: todo pacote Bio.PDB é importado, a variável *parser* recebe um objeto instanciado, que será utilizada para analisar o arquivo PDB e armazená-lo na variável *estrutura*. Por fim, um novo arquivo chamado *matriz_distancia.txt* é criado.

```python
# Preenchendo a primeira linha
for residuo in estrutura[0]['A']:
        if is_aa(residuo):
                rid = residuo.id[1]
                rname = \
Polypeptide.three_to_one(residuo.resname)
                rnameid = "%s%s" %(rid,rname)
                w.write("\t")
                w.write(rnameid)

w.write("\n")
```

O trecho do código acima preenche apenas a primeira linha do arquivo *matriz_distancia.txt,* inserindo o cabeçalho com o código de uma letra dos aminoácidos e sua posição. Na segunda linha, declaramos um laço que varre a cadeia A do primeiro modelo da proteína e busca todos os resíduos. Nesse exemplo escolhemos trabalhar apenas com a cadeia A. Em seguida temos o uso de uma função ainda não descrita: "*is_aa( )*". Essa função determina se o resíduo é um aminoácido ou um heteroátomo.

Essa é uma maneira diferente de diferenciar aminoácidos de heteroátomos.

Se for determinado que o resíduo é um aminoácido, a variável *rid* recebe a posição dele e a variável *rname* chama a função *Polypeptide.three_to_one( )* para converter o código do aminoácido de três caracteres presente em *residuo.resname* para o código de aminoácidos de um caractere. A variável *rnameid* une os dados presentes em *rid* e *rname*. A seguir, é impresso no arquivo uma tabulação (\t), seguido do conteúdo da variável *rnameid*. Ao final do laço é impresso uma quebra de linha (\n).

```
# Preenchendo a matriz
# comparacao todos contra todos - necessario 2 lacos
for residuo_C1 in estrutura[0]['A']:
        if is_aa(residuo_C1):


                # Gravamos a primeira coluna
                rid = residuo_C1.id[1]
                rname = \
Polypeptide.three_to_one(residuo_C1.resname)
                rnameid = "%s%s" %(rid,rname)
                w.write(rnameid)
                w.write("\t")
```

Nessa parte do código iniciamos o preenchimento da matriz. É criado um novo laço que percorre todos os resíduos (chamamos de *residuo_C1* para diferenciar do laço anterior), e é feita a validação se o resíduo é um aminoácido. O trecho a seguir é similar ao código anterior, entretanto nesse caso ele será utilizado para gravar os aminoácidos e posições na primeira coluna.

```
# Segundo laco
for residuo_C2 in estrutura[0]['A']:
        if is_aa(residuo_C2):
```

```
                # id e carbono alfa
                rid1 = residuo_C1.id[1]
                rid2 = residuo_C2.id[1]

                ca1 = estrutura[0]['A'][rid1]['CA']
                ca2 = estrutura[0]['A'][rid2]['CA']

                # calculando distancias entre CA
                distancia = ca1 - ca2

                # imprimindo resultados
                w.write(str(distancia))
                w.write("\t")

        w.write("\n")
```

No segundo laço serão feitas as comparações de distância de todos contra todos. No começo do trecho, o laço é iniciado (a variável agora é chamada de *residuo_C2*) e, mais uma vez, o resíduo é validado. A posição é recebida nas variáveis *rid1* (para *residuo_C1*) e *rid2* (para *residuo_C2*), e a posição será utilizada para determinar as posições dos carbonos alfa nas variáveis *ca1* e *ca2*. O cálculo da distância é feito no trecho *"distancia = ca1 - ca2"*, e esse valor é impresso devidamente formatado no arquivo nas linhas seguintes. Observe que foi utilizado a função *str( )* na gravação da variável *distancia*. Essa função força a gravação da variável como um *string* (indicado para evitar problemas com gravação de variáveis flutuantes).

Após o laço, o arquivo é fechado com segurança (*w.close( )*) e poderá ser aberto por outra aplicação.

12.12 Aprendendo mais sobre arquivos PDB

Para mais funções acesse a documentação oficial do módulo Bio.PDB em <http://biopython.org/DIST/docs/api/Bio.PDB-module.html> ou a página com as perguntas mais frequentes do sobre o módulo em <http://biopython.org/wiki/The_Biopython_Structural_Bioinformatics_FAQ>.

Capítulo 13 - Visualização de dados em Python

Técnicas de visualização de dados podem expressar grandes quantidades de informações de maneira eficiente e auxiliar na detecção de padrões que, sem elas, seriam praticamente imperceptíveis. Essas técnicas utilizam elementos visuais para evidenciar padrões em dados, que conseguimos assimilar melhor devido ao fato de nosso cérebro tender a criar associações harmônicas entre formas e cores. Como dizia aquele velho ditado: "uma imagem vale mais do que mil palavras".

Em Bioinformática, a visualização de dados surge como um elemento transformador, capaz de representar a exagerada massa de dados produzida pelas recentes evoluções em equipamentos biotecnológicos. Visualização de dados também fornece meios para visão dos processos naturais em pequenas estruturas que compõe a vida, como as interações entre diferentes tipos de moléculas.

Python fornece diversas ferramentas para criação de figuras e gráficos, como por exemplo, histogramas, gráficos de linhas, pontos e frequência. Além disso, Biopython fornece classes e métodos para visualização de dados biológicos, visualização sequências e, até mesmo, de genomas completos.

Nos capítulos anteriores, realizamos o *download* de um arquivo no formato GenBank com anotações gênicas de um plasmídeo (NC_009934.gbk). Para os exemplos a seguir precisaremos de um arquivo um pouco maior. Para esses exemplos, usaremos o arquivo GenBank com o genoma completo de *Acetobacter pasteurianus* IFO 3283-12 (NC_017108.gbk). Você pode obtê-lo diretamente no banco de dados GenBank do NCBI. Entretanto disponibilizamos uma cópia do arquivo "NC_017108.gbk" no diretório *exemplos* do repositório deste livro no GitHub: <https://github.com/dcbmariano/biopython>.

13.1 Histogramas

Histogramas são gráficos de distribuição de frequência. Com o pacote Bio.Seq podemos criar uma lista com tamanhos de sequências codificantes presentes no nosso arquivo exemplo (NC_017108.gbk) e, em seguida, usar a módulo *pylab* para plotá-las.

```python
from Bio import SeqIO
import pylab

# Recebendo arquivo GBK
exemplo = SeqIO.read("NC_017108.gbk", "genbank")
tamanhos = []

# Obtendo quantidade de aminoacidos em sequencias
for i in exemplo.features:
        if i.type == 'CDS':
                tamanhos.append(len( \
i.qualifiers['translation'][0]))

# Gerando a figura
pylab.hist(tamanhos, bins=20)
pylab.title("Histograma - frequencia de sequencias")
pylab.xlabel("Tamanho da sequencia (bp)")
pylab.ylabel("Quantidade")
pylab.show()
```

Inicialmente foi realizada a importação dos módulos necessários e a leitura do arquivo GenBank. Observe que uma lista chamada *tamanhos* foi declarada em branco ([]). Essa lista foi utilizada para armazenar os tamanhos das *strings* presentes em *i.qualifiers['translation'][0]*. A partir desse ponto, alguns módulos do *pylab* foram utilizadas para gerar a figura:

- *hist( )*: recebe a lista todos os tamanhos. O parâmetro *bins* define a quantidade de barras do histograma;

- *title( )*: define o título do gráfico;
- *xlabel( )*: define o título do eixo x;
- *ylabel( )*: define o título do eixo y;
- *show( )*: gera a figura. O programa continuará executando enquanto a figura não for fechada.

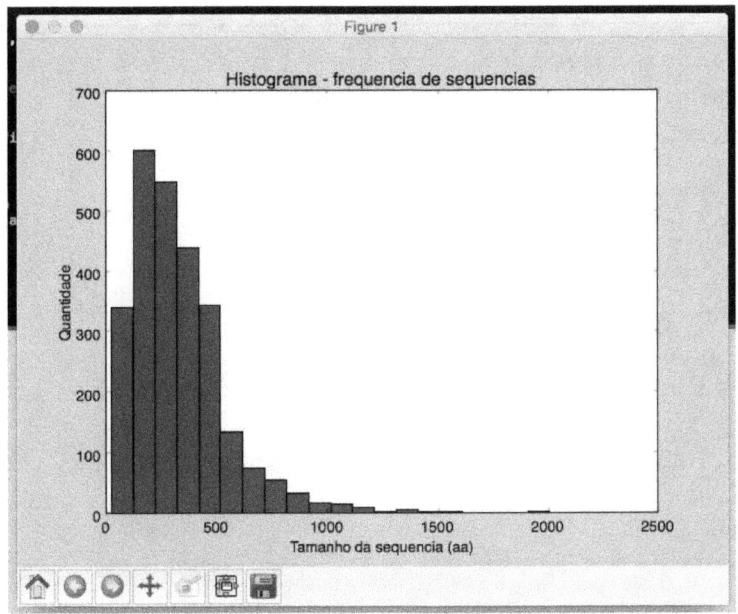

O histograma nos mostra que em nosso arquivo exemplo há uma quantidade maior de genes que codificam proteínas com tamanho de aproximadamente 200 aminoácidos. Ainda nos mostra a existência de genes que codificam proteínas com tamanho próximo a 2.000 aminoácidos. Como seriam necessários três nucleotídeos para codificar um aminoácido, isso indica a existência de regiões codificadoras maiores que 6.000 pares de base.

13.2 Gráfico de pizza

No exemplo a seguir utilizaremos o método *pie( )* para criar um gráfico de pizza (ou gráfico de torta) sobre o conteúdo GC. O conteúdo GC é a quantidade de bases nitrogenadas no DNA que são ou guanina ou citosina.

```python
from Bio import SeqIO
from Bio.SeqUtils import GC
import pylab

for i in SeqIO.parse("NC_017108.gbk", "genbank"):
        gc = GC(i.seq)

at = 100-gc

pylab.pie([gc,at])
pylab.title("Conteudo GC:")
pylab.xlabel("GC: %0.1f porcento\nAT: %0.1f porcento" \
% (gc,at))
pylab.show()
```

Nesse exemplo, inicialmente foi importado o módulo GC do pacote Bio.SeqUtils que permitirá a análise de conteúdo GC. O conteúdo GC é extraído através do método *GC( )*. O gráfico de pizza é criado através do método *pie( )*, que recebe como entrada uma lista com as variáveis *gc* (conteúdo GC) e *at* (criada pela subtração do valor máximo possível, 100 %, pelo conteúdo GC).

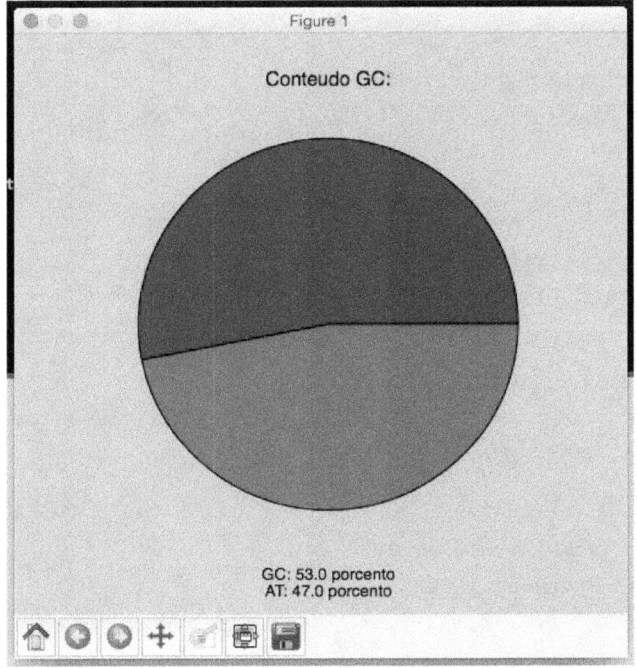

Entretanto, a visualização gerada não nos apresenta um resultado relevante, uma vez que a simples informação obtida pelo valor do conteúdo GC (53%) já seria suficiente compreender o necessário sobre o conteúdo GC total. Podemos obter visualizações mais elegantes e informativas do conteúdo GC utilizando gráficos de linhas.

13.3 Gráfico de linhas

Utilizando a sequência de genoma completo do arquivo, vamos dividi-lo em fragmentos de mil pares de base e plotar o conteúdo GC de cada fragmento em um gráfico de linhas.

```
from Bio import SeqIO
from Bio.SeqUtils import GC
import pylab
```

```python
# Parte 1 - Abrindo arquivo GBK
for i in SeqIO.parse("NC_017108.gbk", "genbank"):
    seq = str(i.seq)

# Parte 2 - Variaveis importantes
tamanho = len(seq)
fragmentos = int(tamanho / 1000)
gc = []

# Parte 3 - Armazenando conteudo GC
for i in range(fragmentos):
    j = i * 1000
    k = j + 999
    gc_atual = GC(seq[j:k])
    gc.append(gc_atual)
    print i,": ",j,"-",k,"- GC =",gc_atual,"%"

# Parte 4 - Adicionando o ultimo elemento
resto = tamanho % 1000
j = (i+1) * 1000
k = j + resto
gc_ultimo = GC(seq[j:k])
gc.append(gc_ultimo)
print i+1,": ",j,"-",k,"- GC =",gc_ultimo,"%"

# Parte 5 - Imprimindo grafico
pylab.plot(gc)
pylab.title("Conteudo GC\n%i fragmentos de 1000 pb \
variando de %0.1f%% a %0.1f%%" % (len(gc),min(gc),max(gc)))
pylab.xlabel("Tamanho (Kb)")
pylab.ylabel("GC%")
pylab.show()
```

Para uma melhor explicação, dividimos o código em cinco partes:

Parte 1: após a importação dos módulos necessários, o arquivo GenBank é analisado, e o genoma completo é salvo como *string* na variável *seq*.

Parte 2: o tamanho do genoma e a quantidade de fragmentos de exatos mil pares de base são determinados. Além disso, uma lista vazia chamada *gc* é criada. Será nessa lista que os valores de conteúdo GC serão armazenados.

Parte 3: a partir desse ponto, foi realizada a determinação do conteúdo GC por fragmento. Observe que para isso foram criadas três variáveis: i, j e k. A variável i percorre todos os fragmentos. A variável j recebe a posição inicial do fragmento, enquanto k recebe a final. Os valores são armazenados e impressos na tela:

```
0 :  0 - 999 - GC = 52.5525525526 %
1 :  1000 - 1999 - GC = 49.049049049 %
2 :  2000 - 2999 - GC = 48.4484484484 %
3 :  3000 - 3999 - GC = 49.9499499499 %
...
```

Parte 4: como determinamos que o laço só irá percorrer fragmentos de tamanho 1000, o último elemento, por provavelmente ter tamanho inferior a 1000, não será percorrido. Por isso usamos o operador módulo (%) para determinar seu tamanho e assim armazená-lo na lista.

```
2904 :  2904000 - 2904624 - GC = 53.2051282051 %
```

Parte 5: por fim, o método *pylab.plot(gc)* gera o gráfico, os métodos *title*, *ylabel* e *xlabel* formatam a figura, e *show* exibe o gráfico na tela.

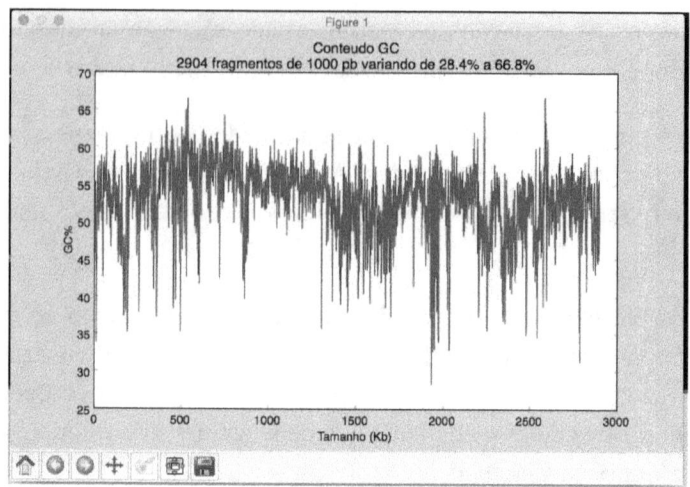

A grande variação do conteúdo GC nos dados dificulta a visualização do resultado. Entretanto, você pode alterar o tamanho de cada fragmento e obter uma visualização com variação de linhas mais suave.

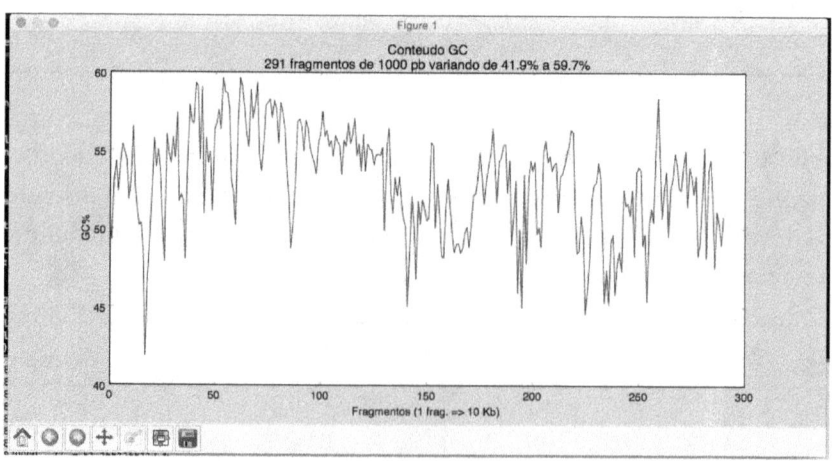

Na figura acima, cada fragmento equivale a 10.000 pb.

13.4 Semelhanças entre sequências através de gráficos de pontos

Neste exemplo, iremos avaliar semelhanças entre duas sequências utilizando gráficos de pontos. Crie um arquivo FASTA (*exemplo_pontos.fasta*):

```
>beta-glucosidase_parcial_mRNA
CGTGTGCTTGCGCTACTGCTTGGTCTCACTGTGTGAAC
AACTGCTGCCGCCGCCTGCCGGCGGTGTGCTC
>beta-glucosidase_parcial_mRNA2
CGTGTGCTTGCGCTACTGCTTGGTCTCACTGTGTGACC
AACTGCTGCCGCCGCCTGCCGGCGGTGTGCTC
```

Neste exemplo, recomendado pela documentação oficial do Biopython, iremos ler as duas sequências FASTA e percorrer as sequências usando janela de tamanho 11.

```python
from Bio import SeqIO
import pylab

handle = open("exemplo_pontos.fasta")
record_iterator = SeqIO.parse(handle, "fasta")
rec_one = next(record_iterator)
rec_two = next(record_iterator)
handle.close()

# Definindo tamanho de janela
window = 11
dict_one = {}
dict_two = {}

# Comparacoes

for (seq, section_dict) in \
[(str(rec_one.seq).upper(), dict_one), \
```

```python
(str(rec_two.seq).upper(), dict_two)]:
    for i in range(len(seq)-window):
        section = seq[i:i+window]
        try:
            section_dict[section].append(i)
        except KeyError:
            section_dict[section] = [i]

matches = set(dict_one).intersection(dict_two)
print("%i k-mers identicos" % len(matches))

# Determinando posicoes x e y
x = []
y = []
for section in matches:
    for i in dict_one[section]:
        for j in dict_two[section]:
            x.append(i)
            y.append(j)

pylab.cla()
pylab.gray()
pylab.scatter(x,y)
pylab.xlim(0, len(rec_one)-window)
pylab.ylim(0, len(rec_two)-window)
pylab.xlabel("%s (tamanho %i pb)" \
% (rec_one.id, len(rec_one)))
pylab.ylabel("%s (tamanho %i pb)" \
% (rec_two.id, len(rec_two)))
pylab.title("Grafico de pontos com janela \
de %i pb\n(sem mismatches)" % window)
pylab.show()
```

Nesse exemplo realizamos a análise do arquivo Multi-FASTA. Lemos duas sequências (*rec_one* e *rec_two*) e realizamos a comparação entre elas usando uma janela (*window*) de tamanho 11, ou seja, comparamos de 11 em 11 caracteres.

O trecho em que são realizadas as comparações entre sequências é bastante complexo. Destacamos que a variável *section* recebe os fragmentos da sequência de 11 caracteres e os dicionários *dict_one* e *dict_two* que recebem a posição da janela e as sequências. Observe o uso das funções *try,* para tentar executar um comando, e *except*, caso algum comando presente em *try* falhe.

Em seguida, o *script* determina as posições x e y em que serão impressos os pontos e os métodos da biblioteca *pylab* são utilizados para gerar a figura.

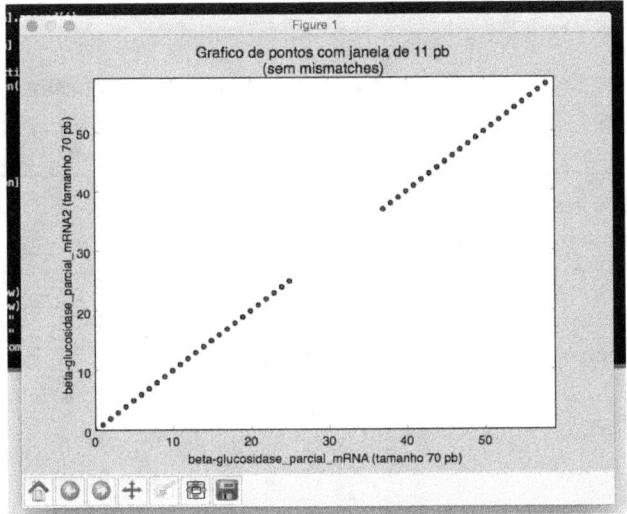

Uma das falhas graves dessa análise é a não detecção de semelhanças em sequências em reverso complementar. Os autores da documentação do Biopython relatam a necessidade de aperfeiçoar esse *script* inserindo esse tipo de análise, e incentivam sua moficação e divulgação por parte de usuários a fim de contribuir com a comunidade de desenvolvedores do Biopython.

Entretanto, ressaltamos que existem métodos mais eficientes para comparação entre sequências e até mesmo genomas completos, como por exemplo, utilizando o pacote Bio.Graphics. Entretanto o pacote Bio.Graphics requer a instalação de algumas bibliotecas de terceiros. Abordaremos isso no próximo tópico.

13.5 Instalando bibliotecas de terceiros para visualização de genomas

Biopython ainda fornece o pacote Bio.Graphics, que depende da biblioteca ReportLab. Para instalá-la, acesse o Website da ReportLab <http://www.reportlab.org/> e registre uma conta gratuitamente. Depois faça o *download* da última versão da biblioteca em: <https://www.reportlab.com/pypi/simple/reportlab/>.

No Windows realize a instalação do arquivo executável. No Linux e MacOS utilize os comandos abaixo para descompactar e instalar:

```
tar -zxvf reportlab-INSIRA_A_VERSAO_AQUI.tar.gz
sudo python setup.py install
```

Instale também a biblioteca *Python Imaging Library* (PIL). Para instalá-la acesse: <http://www.pythonware.com/products/pil/> e faça o *download* da última versão compatível com seu sistema operacional.

13.6 Visualização de genomas

Neste primeiro exemplo, usaremos como exemplo o arquivo "NC_009934.gbk" (confira no diretório *exemplos*). Vamos imprimir na tela o genoma de maneira circular. Veja:

```
from reportlab.lib import colors
```

```python
from reportlab.lib.units import cm
from Bio.Graphics import GenomeDiagram
from Bio import SeqIO

# Recebendo o arquivo
arquivo = SeqIO.read("NC_009934.gbk", "genbank")

# Configuracoes basicas
gd_diagram = GenomeDiagram.Diagram("Plasmideo")
gd_track_for_features = gd_diagram.new_track(1, \
name="Anotacoes")
gd_feature_set = gd_track_for_features.new_set()

# Imprime as features de maneira intercalada
for feature in arquivo.features:
    if feature.type != "gene":
        # Despreza a feature que nao sao genes
        continue
    if len(gd_feature_set) % 2 == 0:
        color = colors.HexColor('#79B134')
    else:
        color = colors.HexColor('#8DE91D')
    gd_feature_set.add_feature(feature, color=color, \
label=True)

# Desenhando

gd_diagram.draw(format="circular", circular=True, \
pagesize=(20*cm,20*cm),start=0, end=len(arquivo), \
circle_core=0.7)

# Salvand em 2 formatos: PDF e PNG
gd_diagram.write("plasmideo.pdf", "PDF")
gd_diagram.write("plasmideo.png", "PNG")
```

Ao executar esse código dois arquivos serão produzidos: um no formato PNG e outro no formato PDF.

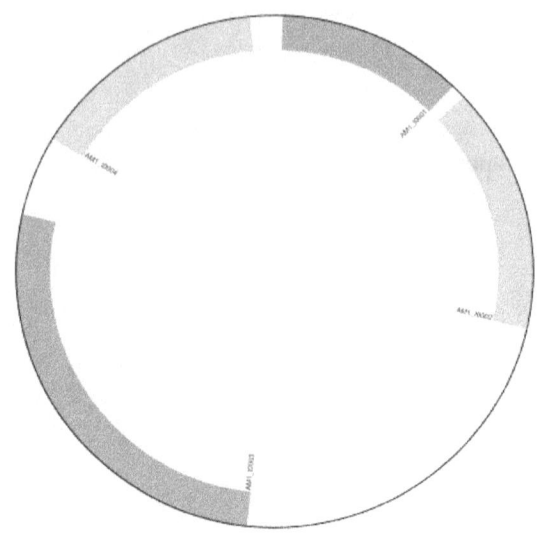

Agora entenda um pouco do que foi feito:

(i)   importamos os pacotes e módulos necessários, como módulo *colors* do pacote *reportlab.lib*, responsável pelas funções relacionadas a cores, *cm* do *reportlab.lib.units*, responsável por identificar os valores de medidas de páginas, o *GenomeDiagram* do *Bio.Graphics*, responsável pelas funções de impressão de genomas, e o *SeqIO*;

(ii)   recebemos o arquivo no formato GenBank;

(iii) no trecho de configurações básicas, declaramos um objeto da classe GenomeDiagram, que criará um novo diagrama chamado de "plasmídeo", adicionamos uma nova faixa e um conjunto de recursos;

(iv)   em seguida, usamos um laço para percorrer todas as *features*. Criamos um trecho em que imprimimos somente os genes com cores intercaladas. Você pode brincar com as cores trocando o valor do código hexadecimal, por exemplo, usamos *"color = colors.HexColor('#8DE91D')"*, que é uma variação do tom verde, você poderia alterar o valor #8DE91D para #990000 que é uma variação de vermelho, ou poderia simplesmente escrever o nome da cor, como por exemplo *"color = colors.red"* (você pode aperfeiçoar as cores pesquisando mais sobre o código de cores hexadecimal RGB);

(v)   o método *draw( )* realiza o desenho recebendo como parâmetros o formato (*format="circular", circular=True*), o tamanho da página (*pagesize=(20*cm,20*cm)*), a posição de início e fim (*start=0, end=len(arquivo)*) e a distância do centro do círculos (*circle_core=0.7*); e

(vi)   por fim, salvamos em dois formatos: PNG (formato de imagens simples) e PDF (formato vetorizado).

Você ainda pode alterar o modo de exibição dos genes e usar setas para identificar o sentido de transcrição. Para realizar isso é necessário inserir o parâmetro *sigil="ARROW"* dentro do método *gd_feature_set.add_feature( )*.

```
gd_feature_set.add_feature(feature, color=color, \
label=True,sigil="ARROW")
```

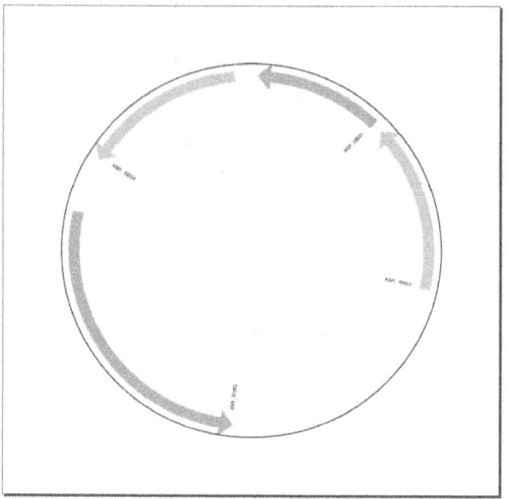

Podemos ainda, modificar nosso código para que ele exiba o resultado de maneira linear. Para isso é necessário apenas alterar o trecho onde o desenho é construído. Modifique o trecho:

```
# Desenhando

gd_diagram.draw(format="circular", circular=True, \
pagesize=(20*cm,20*cm),start=0, end=len(arquivo), \
circle_core=0.7)
```

Por este trecho:

```
# Desenhando - figura linear

gd_diagram.draw(format="linear", orientation="landscape", \
pagesize='A4',fragments=1, start=0, end=len(arquivo))
```

Nesse exemplo, as principais alterações foram nos parâmetros: *format* ("*circular*" para "*linear*"), *orientation* (foi inserido o valor *landscape* para que o papel ficasse na horizontal), *pagesize* (foi inserido o valor "A4", que corresponde a uma folha de tamanho 21 cm por 29,7 cm) e *fragment* (que corresponde ao número de linhas a qual o genoma será exibido). Executando o código, obteremos uma figura assim:

13.7 Visualizando marcações em genomas

Nos exemplos anteriores, visualizamos genes presentes em genomas pequenos, como no caso, de plasmídeos. Se quiséssemos visualizar grandes genomas, os textos que identificam os genes se iriam sobrepor, impossibilitando a leitura e identificação de genes. Veja por exemplo, a figura circular gerada pelo script descrito anteriormente e com o arquivo "NC_017108.gbk".

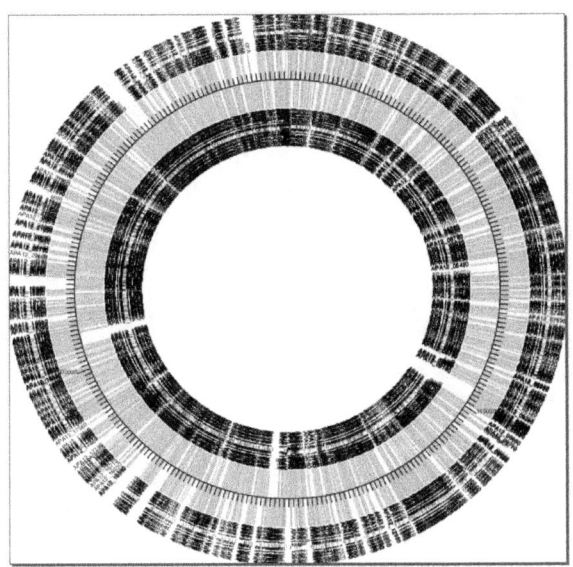

Podemos compreender que é importante identificar apenas elementos relevantes para determinadas análises, como por exemplo, identificar RNAs estruturais.

No exemplo a seguir buscaremos identificar RNAs estruturais e demonstrá-los na figura a partir de dois tipos de marcadores: (i) a cor azul para genes que codificam RNAs ribossomais (rRNA); e (ii) a cor verde genes que codificam RNAs transportadores (tRNA).

Primeiro, vamos visualizar apenas os tRNAs. Veja como ficaria nosso código:

```python
from reportlab.lib import colors
from reportlab.lib.units import cm
from Bio.Graphics import GenomeDiagram
from Bio import SeqIO

# Recebendo o arquivo
arquivo = SeqIO.read("NC_017108.gbk", "genbank")

# Configuracoes basicas
gd_diagram = GenomeDiagram.Diagram("Marcadores")
gd_track_for_features = gd_diagram.new_track(1, \
name="Anotacoes")
gd_feature_set = gd_track_for_features.new_set()

for feature in arquivo.features:

    if feature.type == "tRNA":
        color = colors.green
        feature.qualifiers['locus_tag'] = \
feature.qualifiers['product']
        gd_feature_set.add_feature(feature, \
color=color, label=True)

    else:
```

```
            continue

# Desenhando
gd_diagram.draw(format="circular", circular=True, \
pagesize=(20*cm,20*cm),start=0, end=len(arquivo), \
circle_core=0.7)

# Salvand em 2 formatos: PDF e PNG
gd_diagram.write("trna.pdf", "PDF")
gd_diagram.write("trna.png", "PNG")
```

Observe que validamos se a *feature* pertence a um tRNA em *"if feature.type == "tRNA":"*. Após essa validação, declaramos a cor como verde e inserimos um comando que você deve ter considerado um pouco curioso: *"feature.qualifiers['locus_tag'] = feature.qualifiers['product']"*. Declaramos que o valor presente em *product* deve ser transferido ao campo *locus_tag*. Isso é necessário neste caso, pois na hora de gerar a figura, a biblioteca utiliza o valor presente no campo *locus_tag* como legenda. Por uma questão de estética achamos melhor imprimir o valor presente no campo *product*.

Observe que a figura gerada ao final apenas apresenta marcações nas posições onde estão os tRNAs.

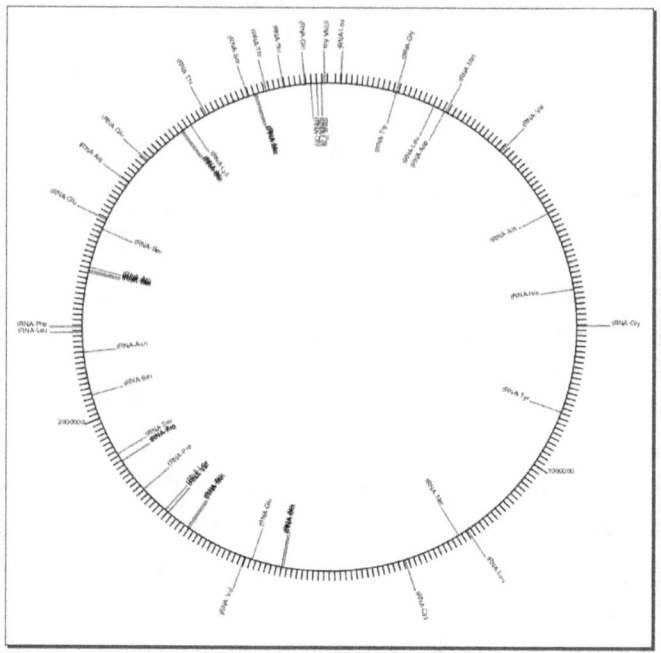

Para visualizar a localização de rRNAs, altere os trechos:

```
if feature.type == "tRNA":
        color = colors.green
        feature.qualifiers['locus_tag'] = \
feature.qualifiers['product']
        gd_feature_set.add_feature(feature, \
color=color, label=True)
```

Por:

```
if feature.type == "rRNA":
        color = colors.blue
```

```
        gd_feature_set.add_feature(feature, color=color, \
label=True)
```

Altere também o nome dos arquivos salvos (mude para *rrna.pdf* e *rrna.png*).

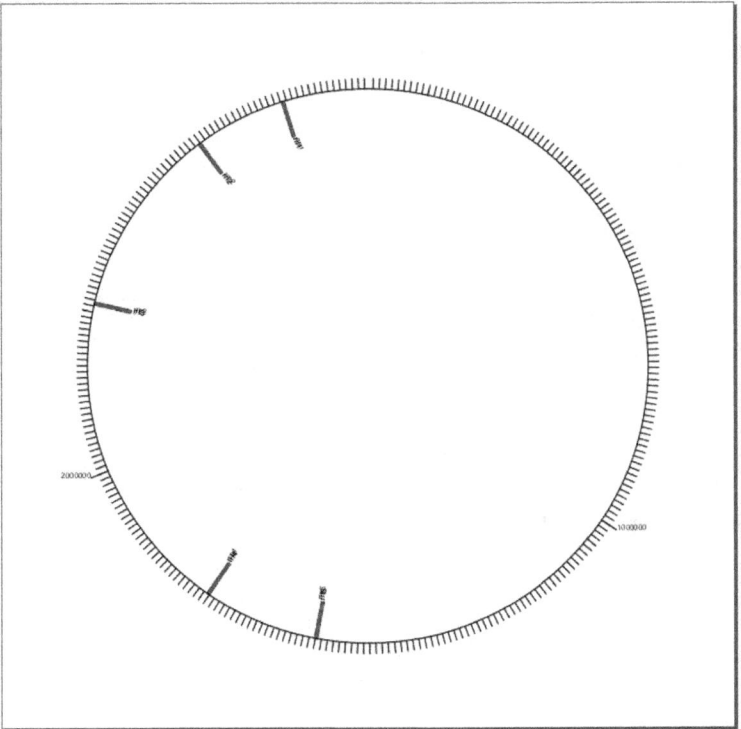

Observe que agora somente são exibidas as posições de rRNAS. Podemos ainda, unir os resultados de tRNAs e rRNAs, e inserir marcações coloridas para detectar a posição dos genes. Veja:

```
from reportlab.lib import colors
from Bio.Graphics import GenomeDiagram
```

```python
from Bio import SeqIO

# Recebendo o arquivo
arquivo = SeqIO.read("NC_017108.gbk", "genbank")

# Configuracoes basicas
gd_diagram = GenomeDiagram.Diagram("Marcadores")
gd_track_for_features = gd_diagram.new_track(1, \
name="Anotacoes")
gd_feature_set = gd_track_for_features.new_set()

# Imprime as features de maneira intercalada
for feature in arquivo.features:

        if feature.type == "rRNA":
                color = colors.blue
                gd_feature_set.add_feature(feature, \
color=color, label=True)

        elif feature.type == "tRNA":
                color = colors.green
                feature.qualifiers['locus_tag'] = \
feature.qualifiers['product']
                gd_feature_set.add_feature(feature, \
color=color, label=True)

        elif feature.type == "gene":

                if len(gd_feature_set) % 2 == 0:
                        color = colors.HexColor('#BBBBBB')
                else:
                        color = colors.HexColor('#DDDDDD')

                gd_feature_set.add_feature(feature, \
color=color, label=False)
```

```
        else:
                continue

# Desenhando
gd_diagram.draw(format="circular", circular=True,\
 pagesize=(20*cm,20*cm),start=0, end=len(arquivo), \
circle_core=0.7)

# Salvand em 2 formatos: PDF e PNG
gd_diagram.write("completo.pdf", "PDF")
gd_diagram.write("completo.png", "PNG")
```

Observe que foi realizado um comando condicional para detectar cada tipo de estrutura. Também intercalamos as cores de impressão de genes. Para isso utilizamos dois tons diferentes de cinza: (i) "#BBBBBB" e (ii) "#DDDDDD".

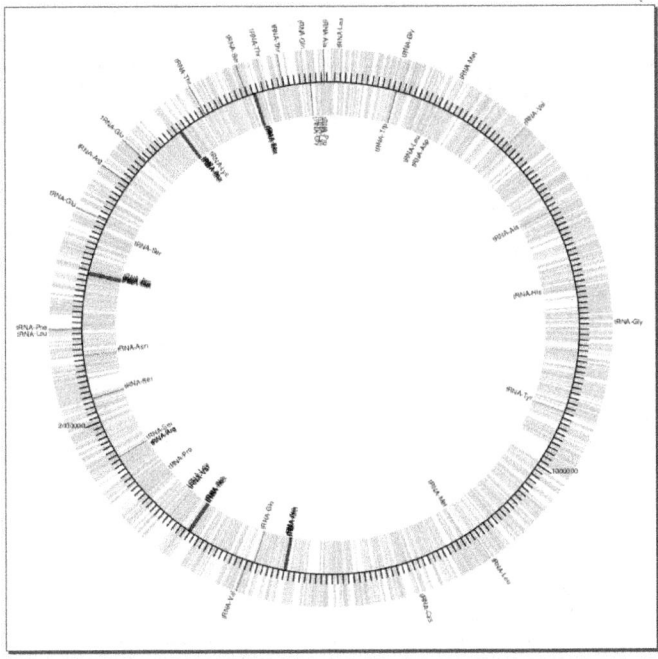

13.8 Sintenia entre genomas

Sintenia pode ser definida como: quando blocos gênicos são conservados em cromossomos de dois ou mais organismos diferentes quando comparados entre si. Para realizar análises de sintenia entre genomas pode-se utilizar a ferramenta BLAST para comparar as sequências entre eles.

No exemplo a seguir, utilizaremos os conhecimentos aprendidos até aqui sobre manipulação de arquivos e comparações de sequências utilizando BLAST através do Biopython, e juntá-los aos conhecimentos ensinados nesse capítulo sobre visualização de dados.

Neste exemplo, receberemos dois arquivos de genomas completos, cujos nomes devem ser inseridos pelo usuário, detectaremos as similaridades entre eles e geraremos um gráfico de sintenia.

Vamos exibir o código fonte e realizar estudo de caso. A seguir, iremos explicar os pontos mais importantes do código.

```python
from Bio import SeqIO
from Bio.Graphics import GenomeDiagram
from reportlab.lib import colors
from reportlab.lib.units import cm
from Bio.Graphics.GenomeDiagram import CrossLink
from reportlab.lib import colors
from Bio.Blast.Applications import *

import sys

# Recebendo os dados pela chamada do programa
A = sys.argv[1]
B = sys.argv[2]

A1 = SeqIO.read(A,"genbank")
```

```python
B1 = SeqIO.read(B,"genbank")

# BLAST
SeqIO.convert(A, "genbank", A+".fasta", "fasta")
SeqIO.convert(B, "genbank", B+".fasta", "fasta")


comando_blastn = NcbiblastnCommandline( \
query=A+".fasta", subject=B+".fasta", \
outfmt="'6 qstart qend sstart send pident'",\
out="blast_"+A+"_"+B+".txt")
stdout, stderr = comando_blastn()
blast = open("blast_"+A+"_"+B+".txt")

# Iniciando a figura
name = A+"_"+B
gd = GenomeDiagram.Diagram(name)

gA = gd.new_track(1,name="A",height=0.5, \
start=0,end=len(A1))
gA1 = gA.new_set()
gB = gd.new_track(3,name="B",height=0.5, \
start=0,end=len(B1))
gB1 = gB.new_set()

# Cores CDSs - intercalado
c1 = "#79B134"
c2 = "#8DE91D"

# Colore um quadrado para cada CDS do arquivo A
cont = 1
for i in A1.features:

        if i.type == "CDS":

                if cont % 2 == 1:
```

```python
                        color_atual = c1
                else:
                        color_atual = c2
                gA1.add_feature(i, label=False, \
label_position="start",color=color_atual)

                cont += 1

        if i.type == "rRNA":
                color_atual = colors.blue
                gA1.add_feature(i, label=False,\
label_position="start",color=color_atual)

# Colore um quadrado para cada CDS do arquivo B
cont = 1
for i in B1.features:

        if i.type == "CDS":
                if cont % 2 == 1:
                        color_atual = c1
                else:
                        color_atual = c2
                gB1.add_feature(i, label=False,\
label_position="start",color=color_atual)
                cont += 1

        if i.type == "rRNA":
                color_atual = colors.blue
                gB1.add_feature(i, label=False,\
label_position="start",color=color_atual)

# Marca na figura os trechos sintenicos
for b in blast:
        qstart = int(b.split("\t")[0])
        qend = int(b.split("\t")[1])
        sstart = int(b.split("\t")[2])
```

```
        send = int(b.split("\t")[3])
        identidade = (float(b.split("\t")[4])*0.8)/100

        # Detectando inversoes
        qinv = qend - qstart
        sinv = send - sstart

        if (qinv > 0 and sinv > 0) or \
(qinv < 0 and sinv < 0):
                cor = colors.Color\
(1,.341176,.341176,identidade)
        else:
                cor = colors.firebrick

        gd.cross_track_links.append(CrossLink((gA, \
qstart, qend),(gB, sstart, send),color=cor))

        gd.draw(format="linear", pagesize=(8*cm,29.7*cm), \
fragments=1)

        gd.write(name + ".pdf", "PDF")
```

Para testar o *script* desenvolvido, vamos realizar um estudo de caso com arquivos GenBank de dois genomas completos: *Escherichia coli* 042 (NC_008253.gbk) e *Escherichia coli* 536 (NC_017626.gbk).

Faça o *download* dos arquivos (pelo GenBank ou pelo diretório *exemplos*) e do *script* (diretório *scripts* do GitHub, arquivo c13_s13.py). Execute o *script* com a linha de comando:

```
python c13_s13.py NC_017626.gbk NC_008253.gbk
```

Como resultado você obterá dois arquivos:

(i)   NC_017626.gbk_NC_008253.gbk.txt

(ii)   NC_017626.gbk_NC_008253.gbk.pdf

O primeiro é um um arquivo de texto com os resultados de BLAST. O segundo é um arquivo PDF com um gráfico de sintenia entre os dois genomas.

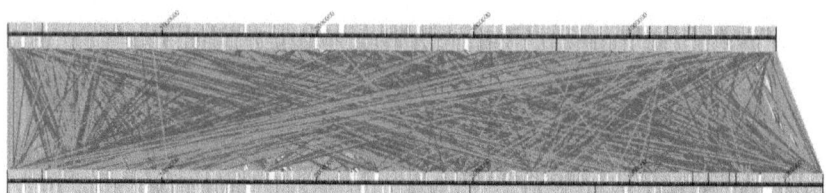

Na parte de cima do gráfico de sintenia é impresso o primeiro genoma enviado como argumento. Os genes são impressos em tons intercalados de verde e, na cor azul, os RNAs ribossomais. Na parte de baixo, também em tons intercalados de verde, está impresso o segundo genoma. As regiões sintenicas entre os dois genomas são interligadas por segmentos de reta de cor vermelha. Segmento na cor vermelha claro indicam regiões sintênicas comuns, enquanto a cor vermelha escura indica inversões gênicas. No exemplo demonstrado, podemos perceber que ambos os genomas são altamente sintênicos.

Vamos agora analisar os principais pontos do código fonte. Vamos começar na parte em que são importados módulos e pacotes:

```
from Bio.Graphics.GenomeDiagram import CrossLink
```

O módulo *Crosslink* será responsável por imprimir os segmentos de reta que interligam um genoma a outro. Na parte de criação do diagrama destacamos o trecho em que são criadas as faixas lineares em que serão impressos os genomas.

```
gA = gd.new_track(1,name="A",height=0.5, \
start=0,end=len(A1))
```

```
gB = gd.new_track(3,name="B",height=0.5, \
start=0,end=len(B1))
```

As variáveis gA e gB armazenam os objetos que registram as faixas a qual serão armazenados os dados de ambos os genomas. Observe que o método *new_track* recebe atributos como *height*, que define a altura da faixa impressa que representam os genomas, *start* e *end*, que definem início e fim das faixas (necessário devido ao fato dos genomas possuírem tamanhos diferentes).

```
# Marca na figura os trechos sintenicos
for b in blast:
        qstart = int(b.split("\t")[0])
        qend = int(b.split("\t")[1])
        sstart = int(b.split("\t")[2])
        send = int(b.split("\t")[3])
        identidade = (float(b.split("\t")[4])*0.8)/100
```

Esse trecho percorre a lista que armazena os resultados de BLAST e extrai cinco informações principais: (i) *qstart*; (ii) *qend*; (iii) *sstart*; (iv) *send*; e a (v) identidade. *Crosslink* fará marcações da posição *qstart* a *qend* e as interligará a outras marcações da posição *sstart* a *send*.

Ainda utilizamos operações matemática para detectar inversões que, se existirem, as marcações serão impressas na cor *firebrick* (um vermelho mais forte). As interligações são inseridas no gráfico no trecho:

```
gd.cross_track_links.append(CrossLink((gA, \
qstart, qend),(gB, sstart, send),color=cor))
```

A identidade é utilizada apenas para definir o nível de transparência da cor impressa (efeito alfa). Observe que multiplicamos por um fator de 0.8 para forçar uma transparência mínima de 20% e dividimos por 100, pois o resultado de BLAST é dado em porcentagem.

Podemos ainda modificar nosso código para que apenas imprima trechos em que a identidade é igual a 100 %. Para isso vamos apagar o "fator de transparência" e inserir um comando condicional antes da impressão dos segmentos de retas que interligam os genomas pelo *Crosslink*.

Altere a linha:

```
identidade = (float(b.split("\t")[4])*0.8)/100
```

Para:

```
identidade = (float(b.split("\t")[4]))/100
```

E altere o trecho antes da linha:

```
gd.cross_track_links.append(CrossLink((gA, \
qstart, qend),(gB, sstart, send),color=cor))
```

Inserindo o comando condicional:

```
if identidade >= 1:

        gd.cross_track_links.append(CrossLink((gA, \
qstart, qend),(gB, sstart, send),color=cor))
```

Ao executar o novo código, você obterá como resultado uma figura com uma quantidade maior de trechos em branco, entretanto será possível identificar uma maior quantidade de informações, como por exemplo, que o começo do genoma exibido acima possui uma maior similaridade com o final do genoma abaixo, e vice-versa. Além de que no centro há um trecho com uma sintenia menor.

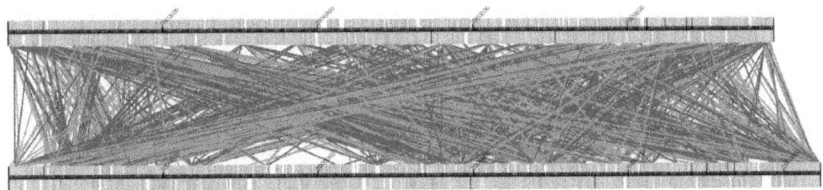

Você pode alterar o código e inserir outros recursos, como nomes de genes, alterar as cores utilizadas ou até mesmo inserir outras marcações para RNAs estruturais. Também é possível obter visualizações mais próximas de genes, alterando os campos *start* e *end* do método *new_track*.

Biopython fornece ainda muitos outros métodos para visualização de dados. Você pode saber mais acessando a documentação oficial. Você pode ainda utilizar a função *help( )* para saber mais sobre os métodos apresentados neste capítulo.

Capítulo 14 – Outras coisas interessantes que se pode fazer com Biopython

Neste capítulo serão apresentadas alguns exemplos de tarefas interessantes que podem ser implementadas com Biopython. Alguns exemplos estão presentes na documentação oficial (e podem ser visualizados no capítulo *"Cookbook – Cool things to do with it"*), entretanto outros foram desenvolvidos com base no que foi apresentado nos capítulos anteriores. Ressaltamos ainda que neste capítulo não iremos focar em explicações detalhadas sobre cada ponto do código, mas sim em demonstrações de códigos interessantes que podem ser desenvolvidos com Biopython.

14.1 Ordenando sequências por tamanho

Vamos criar um *script* que recebe um arquivo Multi-FASTA e ordena as sequências pelo tamanho.

Primeiramente, crie um arquivo de sequências Multi-FASTA ou faça *download* de um, como por exemplo, as sequências de nucleotídeos codificantes de *Acetobacter pasteurianus* (NC_017108.ffn). Agora vamos utilizar o método *SeqIO.parse( )* para ler o arquivo, o método *sort( )* para ordenar e o método *SeqIO.write( )* para gravar as sequências ordenadas por tamanho em um arquivo FASTA.

```python
from Bio import SeqIO

# Lendo as sequencias
sequencias = list(SeqIO.parse("NC_017108.ffn","fasta"))

# Realizando o ordenamento
sequencias.sort(cmp=lambda x,y: cmp(len(x),len(y)))
```

```python
# Gravando o resultado
if SeqIO.write(sequencias, "sequencias_ordenadas.fasta", \
"fasta"):
        print "Sequencias ordenadas com sucesso."
else:
        print "Um erro ocorreu."
```

14.2 Calculando N50 usando Biopython

O N50 é uma métrica utilizada para avaliar montagens de genomas. N50 constitui no tamanho da sequência a qual está presente o par de base que corresponde a 50% do total de bases em um arquivo Multi-FASTA ordenado do menor para o maior. No *script* abaixo usaremos os comandos aprendidos anteriormente para calcular o valor de N50 de um arquivo Multi-FASTA.

```python
# Calculo de N50

# Declaracoes iniciais
from Bio import SeqIO
import sys

sum_tamanhos = 0
sumcontig = 0
todos_tamanhos = list()

# Recebemos o arquivo como parametro
arquivo = sys.argv[1]

# Laco le todos os tamanhos
for i in SeqIO.parse(arquivo,"fasta"):
        tam_contig = len(i.seq)
        todos_tamanhos.append(tam_contig)
        sumcontig = sumcontig + tam_contig
```

```python
# Ordenamos todos os tamanhos
todos_tamanhos.sort()

# Calcula metade da soma das sequencias
v50 = sumcontig/2

# Laco para detectar N50
for tam in todos_tamanhos:
        sum_tamanhos = sum_tamanhos + tam
        if sum_tamanhos > v50:
                n50 = tam
                break

print "N50: ",n50
```

No *script* demonstrado acima, inicialmente foi declarado os módulos que serão utilizados. O nome do arquivo a ser analisado é recebido como parâmetro. Um laço varre o arquivo Multi-FASTA, calcula o tamanho de todas as sequências, os armazena numa lista denominada "*todos_tamanhos*" e a soma do tamanho de todas as sequências é armazenada em uma variável chamada *sumcontig*. Em seguida, a lista é ordenada através do método *sort( )*, então é calculado o valor da metade da soma de todas as sequências. Um laço varre a lista e o *script* usa um comando condicional pra detectar o tamanho da maior sequência da qual a soma seja inferior a metade da soma das sequências, ou seja, o valor de N50. Por fim, o comando *print* imprime o resultado na tela.

14.3 Contando a quantidade de leituras em um arquivo FASTQ

O formato FASTQ incorpora sequências seguidas por um fator de qualidade, dado pelo algoritmo de PHRED, que indica em uma base logaritma a probabilidade de erro uma base obtida por sequenciamento.

Você pode encontrar exemplos de arquivos FASTQ no banco de dados SRA do NCBI: <http://www.ncbi.nlm.nih.gov/sra>. Como exemplo, faça o *download* do arquivo "*SRR020192.fastq.gz*" e extraia o arquivo FASTQ (no Linux e MacOS, apenas abra o arquivo, ou no Windows utilize o *software* Winrar).

Agora, vamos analisar quantas sequências existem no arquivo FASTQ usando uma variável contadora e a função *SeqIO.parse( )*.

```python
from Bio import SeqIO

# Declarando variavel contadora i
i = 0

# Contando registros
for seq in SeqIO.parse("SRR020192.fastq", "fastq"):
    i += 1

print "Foram detectadas %i leituras." % i

# Foram detectadas 41892 leituras.
```

14.4 Visualizando a qualidade de bases em arquivos FASTQ

Utilizando os módulos *Pylab* e *SeqIO* podemos analisar arquivos do tipo FASTQ e gerar gráficos de qualidade dados pelo algoritmo de PHRED. Neste exemplo, extrairemos a média da qualidade PHRED por posição de par de base em uma leitura, além dos maiores e menores valores de qualidade. Em seguida, iremos gerar um gráfico de qualidade.

```python
from Bio import SeqIO
import pylab

arquivo = open("SRR020192.fastq")
```

```python
parse = list(SeqIO.parse(arquivo,"fastq"))
tam_seq = []
max_seqs = []
min_seqs = []
media = []

for i in parse:
        tam_seq.append(len(i.seq))

max_seq = max(tam_seq)
min_seq = min(tam_seq)
total_seq = len(parse)

for j in range(max_seq):
        aux = 0
        mas = 0
        mis = max_seq
        for i in parse:
                if(len(i.seq) < max_seq):
                        i.letter_annotations\
["phred_quality"].append(0)
                aux = aux + \
i.letter_annotations["phred_quality"][j]

                if mas < i.letter_annotations\
["phred_quality"][j]:
                        mas = i.letter_annotations\
["phred_quality"][j]

                if mis > i.letter_annotations\
["phred_quality"][j]:
                        mis = i.letter_annotations\
["phred_quality"][j]

        media.append(int(aux/total_seq))
        max_seqs.append(mas)
```

```
        min_seqs.append(mis)

pylab.plot(media,'-k',label="Media", linewidth=2)
pylab.plot(max_seqs,'-g',label="Max")
pylab.plot(min_seqs,'-r',label="Min")
pylab.grid(color='gray', linestyle=':', linewidth=1)
pylab.legend()
pylab.ylim(0,45)
pylab.ylabel("PHRED")
pylab.xlabel("Leitura (pb)")
pylab.savefig("grafico_qualidade.png")

pylab.show()
```

No gráfico de qulidade PHRED, bases com qualidade abaixo de 20 possuem uma alta provabilidade de erro (maior que 1 chance em 100). Leituras com qualidade abaixo de 10 possuem provabilidade de erro de 1 em 10.

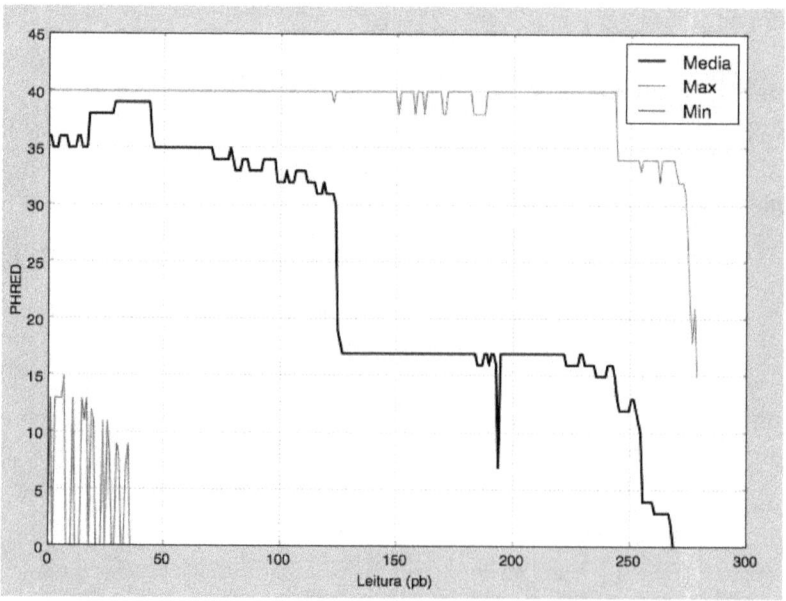

Analisando o gráfico gerado pela análise do arquivo *"SRR020192.fastq"* podemos perceber uma perda de qualidade em média após a posição 125 entre todas as leituras. Essa perda de qualidade pode ainda estar relacionada a presença de uma maior quantidade de leituras menores do que 125 pares de bases. Após a posição 250, a qualidade média de leituras cai a valores próximos a zero.

14.5 Criando um filtro de qualidade para arquivos FASTQ

Utilizando o mesmo arquivo do exemplo anterior, vamos agora criar um filtro de qualidade para remover sequências que tenham qualidade abaixo de PHRED 20 (99% de acurácia).

```python
from Bio import SeqIO

boas_leituras = (rec for rec in \
            SeqIO.parse("SRR020192.fastq", "fastq") \
            if min(rec.letter_annotations \
["phred_quality"]) >= 20)

# Contador i
i = SeqIO.write(boas_leituras, "boa_qualidade.fastq", \
"fastq")

print "Foram salvas %i leituras com qualidade \
maior ou igual a 20." % i

# Foram salvas 20050 leituras com qualidade >= a 20.
```

14.6 Removendo *primers* de arquivos com dados brutos de sequenciamento

No exemplo a seguir faremos a remoção da sequência *primer* do arquivo FASTQ. Neste exemplo, a sequência "GATGACGGTGT" se repete no início de todas as leituras, logo é necessário removê-la.

Faremos isso em quatro etapas: (i) primeiro detectaremos quais sequências possuem *primers*; (ii) em seguida, verificaremos se existem sequências sem primers; (iii) criaremos um novo arquivo FASTQ com as sequências cortadas; e (iv) uniremos o resultado.

```python
from Bio import SeqIO

# Detectando sequencias que tem primer
primer_reads = (rec for rec in \
               SeqIO.parse("SRR020192.fastq", "fastq") \
               if rec.seq.startswith("GATGACGGTGT"))
SeqIO.write(primer_reads, "com_primer.fastq", "fastq")

# Detectando sequencias sem primer

trimmed_primer_reads = (rec[11:] for rec in \
                       SeqIO.parse("SRR020192.fastq", \
                       "fastq") \
                       if rec.seq.startswith(\
                       "GATGACGGTGT"))\
SeqIO.write(trimmed_primer_reads, \
"com_primer_cortado.fastq", "fastq")

# Criando um novo FASTQ
def trim_primer(record, primer):
    if record.seq.startswith(primer):
        return record[len(primer):]
    else:
        return record
```

```python
trimmed_reads = (trim_primer(record, "GATGACGGTGT") \
                for record in \
                    SeqIO.parse("SRR020192.fastq", "fastq"))
SeqIO.write(trimmed_reads, "cortado.fastq", "fastq")


# Unindo os resultados
def trim_primers(records, primer):
        # Remove primers no inicio das leituras
    len_primer = len(primer)

    for record in records:
        if record.seq.startswith(primer):
            yield record[len_primer:]
        else:
            yield record

original_reads = SeqIO.parse("SRR020192.fastq", "fastq")
trimmed_reads = trim_primers(original_reads, "GATGACGGTGT")
i = SeqIO.write(trimmed_reads, "cortado.fastq", "fastq")

print "Foram salvas %i leituras" % i
```

14.7 Convertendo arquivos FASTA e QUAL em um arquivo FASTQ

Agora vamos testar a conversão de arquivos. Primeiro, vamos converter o nosso arquivo FASTQ em arquivos FASTA e QUAL. Em seguida, faremos a conversão inversa utilizando o módulo *Bio.SeqIO.QualityIO*.

```python
from Bio import SeqIO
from Bio.SeqIO.QualityIO import PairedFastaQualIterator

# FASTQ > FASTA
SeqIO.convert("SRR020192.fastq", "fastq", \
```

```python
"SRR020192.fasta", "fasta")

# FASTQ > QUAL
SeqIO.convert("SRR020192.fastq", "fastq", \
"SRR020192.qual", "qual")

# FASTQ + QUAL > FASTQ
fastq2 = open("novo_fastq.fastq", "w")
rec = PairedFastaQualIterator(open("SRR020192.fasta"), \
open("SRR020192.qual"))
i = SeqIO.write(rec, fastq2, "fastq")
fastq2.close()
print "Foram convertidas %i sequencias FASTA + QUAL em \
formato FASTQ" % i
```

Capítulo 15 - Hierarquia do Biopython

O pacote Bio armazena toda a coleção de módulos que Biopython fornece para lidar com dados biológicos. Assim, analisar sua hierarquia nos dá uma visão geral do que se pode realizar com Biopython.

Neste capítulo apresentaremos uma breve descrição dos principais pacotes, módulos e classes presentes no Biopython (versão 1.65). Esperamos que este capítulo possa servir como guia para leitores que necessitem realizar alguma tarefa específica não citada nos capítulos anteriores.

15.1 Bio.Affy

O pacote Bio.Affy permite trabalhar com dados Affymetrix.

Documentação do pacote disponível em:
<http://biopython.org/DIST/docs/api/Bio.Affy-module.html>.

Módulos:

- **Bio.Affy.CelFile**: módulo que apresenta classes para acessar informações em arquivos Affymetrix.

15.2 Bio.Align

Apresenta códigos para lidar com alinhamentos de sequências. É necessário que as ferramentas estejam instaladas no computador a qual os *scripts* serão executados.

Documentação do pacote disponível em:
<http://biopython.org/DIST/docs/api/Bio.Align-module.html>.

Módulos:

- **Bio.Align.AlignInfo**: extrai informações de objetos de alinhamento.

- **Bio.Align.Applications**: apresenta métodos de acesso a ferramentas externas de alinhamento por linha de comando (*wrappers*):

  o **Bio.Align.Applications._ClustalOmega**: permite a execução do programa de alinhamentos múltiplos Clustal Omega.

  o **Bio.Align.Applications._Clustalw**: permite a execução do programa de alinhamentos múltiplos Clustal W.

  o **Bio.Align.Applications._Dialign**: permite a execução do programa de alinhamentos múltiplos DIALIGN2-2.

  o **Bio.Align.Applications._MSAProbs**: permite a execução do programa de alinhamentos múltiplos MSAProbs.

  o **Bio.Align.Applications._Mafft**: permite a execução do programa de alinhamentos múltiplos MAFFT.

  o **Bio.Align.Applications._Muscle**: permite a execução do programa de alinhamentos múltiplos MUSCLE.

  o **Bio.Align.Applications._Prank**: permite a execução do programa de alinhamentos múltiplos PRANK.

  o **Bio.Align.Applications._Probcons**: permite a execução do programa de alinhamentos múltiplos PROBCONS.

  o **Bio.Align.Applications._TCoffee**: permite a execução do programa de alinhamentos múltiplos TCOFFEE.

- **Bio.Align.Generic**: apresenta classes para alinhamento de sequências genéticas.

15.3 Bio.AlignIO

Permite a entrada e saída de alinhamentos de sequência múltiplos como objetos de alinhamento.

Documentação do pacote disponível em:
<http://biopython.org/DIST/docs/api/Bio.AlignIO-module.html>.

Módulos:

- **Bio.AlignIO.ClustalIO**: permite a análise de resultados obtidos do programa CLUSTAL W.

- **Bio.AlignIO.EmbossIO**: permite a análise de resultados obtidos do programa EMBOSS.

- **Bio.AlignIO.FastaIO**: permite a análise de resultados obtidos do programa Bill Pearson's FASTA (formato "*fasta-m10*").

- **Bio.AlignIO.Interfaces**: módulo de suporte. Fornece classes para auxiliar na construção de novos *parsers*.

- **Bio.AlignIO.NexusIO**: suporte ao formato de arquivos "*nexus*".

- **Bio.AlignIO.PhylipIO**: permite a análise de resultados no formato "*phylip*" obtidos do programa Joe Felsenstein's PHYLIP.

- **Bio.AlignIO.StockholmIO**: suporte ao formato de arquivos "*stockholm*" (usado nos bancos de dados PFAM).

15.4 Bio.Alphabet

Alfabetos usados nas declarações de objetos *Seq*. Utilizado por sequências que contêm um número finito de palavras semelhantes.

Documentação do pacote disponível em:
<http://biopython.org/DIST/docs/api/Bio.Alphabet-module.html>.

Módulos:

- **Bio.Alphabet.IUPAC**: padrão de alfabetos de nucleotídeos e proteínas definidos pelo IUPAC.

- **Bio.Alphabet.Reduced**: agrupa sequências de aminoácidos em uma única letra.

15.5 Bio.Application

Apresenta mecanismos gerais para acessar diversas aplicações pelo Biopython.

Documentação do pacote disponível em:
<http://biopython.org/DIST/docs/api/Bio.Application-module.html>.

15.6 Bio.Blast

Contém classes para trabalhar com a ferramenta BLAST.

Documentação do pacote disponível em:
<http://biopython.org/DIST/docs/api/Bio.Blast-module.html>.

Módulos:

- **Bio.Blast.Applications:** permite a interação com aplicações relacionadas a suíte BLAST+.

- **Bio.Blast.NCBIWWW**: permite a invocação do BLAST pela internet.

- **Bio.Blast.NCBIXML**: permite a análise de resultados de BLAST em formato XML.

- **Bio.Blast.ParseBlastTable**: permite análise do formato *blastpgp*.

- **Bio.Blast.Record**: fornece classes de gravação para resultados de BLAST.

15.7 Bio.CAPS

Módulo desenvolvido para trabalhar com marcadores CAPS.

Documentação do módulo disponível em:
<http://biopython.org/DIST/docs/api/Bio.CAPS-module.html>.

15.8 Bio.Cluster

Apresenta funções desenvolvidas principalmente para clusterização de dados de expressão gênica. Define-se clusterização como o método para criar conjuntos de objetos de tal forma que membros de cada conjunto (ou *cluster*) possuem maiores semelhanças entre si do que quando comparados com membros de outros *clusters* de acordo com algum determinado critério.

Documentação do pacote disponível em:
<http://biopython.org/DIST/docs/api/Bio.Cluster-module.html>.

Módulos:

- **Bio.Cluster.cluster**: biblioteca de clusterização desenvolvida em C. Apresenta funções para detecção de centróides e determinação de matrizes de distância.

15.9 Bio.Compass

Fornece funções para análises de resultados do programa COMPASS.

Documentação do módulo disponível em:
<http://biopython.org/DIST/docs/api/Bio.Compass-module.html>.

15.10 Bio.Crystal

Módulo que fornece métodos de análises de estruturas NDB Atlas (um subconjunto mínimo do formato PDB). NDB pode ser acessado a partir do endereço: <http://ndbserver.rutgers.edu/NDB/index.html>.

Documentação do módulo disponível em:
<http://biopython.org/DIST/docs/api/Bio.Crystal-module.html>.

15.11 Bio.Data

Coleção com informações úteis para dados biológicos.

Documentação do pacote disponível em:
<http://biopython.org/DIST/docs/api/Bio.Data-module.html>.

Módulos:

- **Bio.Data.CodonTable**: tabelas de códons baseadas nas encontradas no NCBI.

- **Bio.Data.IUPACData**: informações sobre alfabetos IUPAC.

- **Bio.Data.SCOPData**: fornece alfabetos de proteínas adicionais utilizados no banco de dados do SCOP e em arquivos PDB.

15.12 Bio.DocSQL

Bio.DocSQL: fácil acesso à API do banco de dados.

Documentação do módulo disponível em:
<http://biopython.org/DIST/docs/api/Bio.DocSQL-module.html>

15.13 Bio.Emboss

Fornece códigos para interagir com programas EMBOSS.

Documentação do pacote disponível em:
<http://biopython.org/DIST/docs/api/Bio.Emboss-module.html>

Módulos:

- **Bio.Emboss.Applications**: fornece códigos para executar programas EMBOSS.

- **Bio.Emboss.Primer3**: fornece códigos para analisar resultados do programa EMBOSS *eprimer3*.

- **Bio.Emboss.PrimerSearch**: fornece códigos para interagir com o programa de busca de *primers* da EMBOSS.

15.14 Bio.Entrez

Fornece métodos para acessar o NCBI através da internet.

Documentação do pacote disponível em:
<http://biopython.org/DIST/docs/api/Bio.Entrez-module.html>.

Módulos:

- **Bio.Entrez.Parser**: analisa resultados em XML obtidos pelo *Entrez Utilities* do NCBI.

15.15 Bio.ExPASy

Fornece métodos para acessar recursos do ExPASy através da internet. Para mais informações sobre o ExPASy acesse: <http://www.expasy.org/>.

Documentação do pacote disponível em:
<http://biopython.org/DIST/docs/api/Bio.ExPASy-module.html>.

Módulos:

- **Bio.ExPASy.Enzyme**: este módulo fornece códigos para trabalhar com arquivos *enzyme.dat* do Enzyme.
- **Bio.ExPASy.Prodoc**: fornece códigos para trabalhar com arquivos *"prosite.doc"* do Prosite.
- **Bio.ExPASy.Prosite**: fornece códigos para trabalhar com arquivos *"prosite dat"* do Prosite.
- **Bio.ExPASy.ScanProsite:** permite a execução de buscas no Scan-Prosite.

15.16 Bio.FSSP

Analisador de arquivos FSSP usados em um banco de dados de classificações de enovelamento de proteínas.

Documentação do pacote disponível em:
<http://biopython.org/DIST/docs/api/Bio.FSSP-module.html>.

Módulos:

- **Bio.FSSP.FSSPTools**

- **Bio.FSSP.fssp_rec**

15.17 Bio.File

Fornece códigos para lidar com grandes arquivo. Classes particulares adicionais utilizados na *Bio.SeqIO* e *Bio.SearchIO* para indexação de arquivos também são definidos pelo módulo *Bio.File*, mas essas não podem ser utilizadas diretamente.

Documentação do módulo disponível em:
<http://biopython.org/DIST/docs/api/Bio.File-module.html>.

15.18 Bio.GA

Esse pacote apresenta um conjunto de códigos para algoritmo genético.

Documentação do pacote disponível em:
<http://biopython.org/DIST/docs/api/Bio.GA-module.html>.

Módulos:

- **Bio.GA.Crossover**

   o **Bio.GA.Crossover.General**: apresenta diversas funcionalidades para realização de cruzamento.

   o **Bio.GA.Crossover.GeneralPoint**: permite a execução de *n* pontos de cruzamentos entre genomas.

   o **Bio.GA.Crossover.Point**: permite a execução de um único ponto de cruzamento entre genomas de dois organismos.

   o **Bio.GA.Crossover.TwoPoint**: permite a execução de dois pontos de cruzamentos entre genomas de dois organismos.

   o **Bio.GA.Crossover.Uniform**: permite a execução de cruzamentos uniformes entre genomas de dois organismos.

- **Bio.GA.Evolver**: apresenta códigos para gerenciar a evolução de populações de indivíduos e cuidar da transição de geração para geração.

- **Bio.GA.Mutation**

  o **Bio.GA.Mutation.General**: apresenta funcionalidades gerais para mutações.

  o **Bio.GA.Mutation.Simple**: permite a execução de mutações simples em um genoma de um organismo.

- **Bio.GA.Organism**: apresenta classes para lidar com organismos em populações do algoritmo genético.

- **Bio.GA.Repair**

  o **Bio.GA.Repair.Stabilizing**: apresenta métodos para execução de reparos que estabilizam genomas.

- **Bio.GA.Selection**

  o **Bio.GA.Selection.Abstract**: classe de seleção básica a qual todos os seletores devem se derivar.

  o **Bio.GA.Selection.Diversity**: seleciona indivíduos dentro de uma nova população tentando manter a diversidade.

  o **Bio.GA.Selection.RouletteWheel**: implementa seleção por roleta em uma população.

  o **Bio.GA.Selection.Tournament**: implementa seleção do tipo torneio.

15.19 Bio.GenBank

Apresenta códigos para trabalhar com arquivos no formato GenBank (*"genbank"* ou *"embl"*). Entretanto, cabe ressaltar que o pacote Bio.SeqIO fornece métodos mais eficientes para trabalhar com arquivos GenBank por permitir convertê-los para diversos outros formatos.

Documentação do pacote disponível em:
<http://biopython.org/DIST/docs/api/Bio.GenBank-module.html>.

Módulos:

- **Bio.GenBank.Record**: Mantém dados GenBank em um formato simples.

- **Bio.GenBank.Scanner**: códigos internos para analisar arquivos GenBank ou EMBL (privado).

- **Bio.GenBank.utils**: contém utilitários para ajudar a analisar arquivos GenBank.

15.20 Bio.Geo

Permite análises de arquivos do banco de dados do NCBI GEO (*Gene Expression Omnibus*).

Documentação do pacote disponível em:
<http://biopython.org/DIST/docs/api/Bio.Geo-module.html>.

Módulos:

- **Bio.Geo.Record**: permite análise de dados do GEO de maneira simplificada.

15.21 Bio.Graphics

O pacote Bio.Graphics oferece classes para produção de gráficos usando a biblioteca de terceiros ReportLab: <http://www.reportlab.com>.

Documentação do pacote disponível em:
<http://biopython.org/DIST/docs/api/Bio.Graphics-module.html>.

Módulos:

- **Bio.Graphics.BasicChromosome**: desenha representações de cromossomos de organismos com informações adicionais. Útil para inserir marcadores em cromossomos ou visualizar sintenia entre genomas.

- **Bio.Graphics.ColorSpiral**: gera cores RGB adequadas para distinguir categorias de dados.

- **Bio.Graphics.Comparative**: fornece plotagens para comparação de informações entre diferentes fontes.

- **Bio.Graphics.DisplayRepresentation**: apresenta classes que auxiliam no desenho de gráficos.

- **Bio.Graphics.Distribution**: permite a visualização de valores distribuídos.

- **Bio.Graphics.GenomeDiagram**

  o **Bio.Graphics.GenomeDiagram._CircularDrawer**: permite o desenho de diagramas circulares.

  o **Bio.Graphics.GenomeDiagram._Colors**: módulo que contém métodos para conversão de padrões de cores.

  o **Bio.Graphics.GenomeDiagram._CrossLink**: permite ligações entre diagramas de genomas. Útil para criação de gráficos de sintenia.

  o **Bio.Graphics.GenomeDiagram._Diagram**: módulo para criação de diagramas.

  o **Bio.Graphics.GenomeDiagram._Feature**: fornece classes para análise de características (*features*) de genomas.

  o **Bio.Graphics.GenomeDiagram._FeatureSet**: contém códigos para trabalhar com conjuntos de *features*.

  o **Bio.Graphics.GenomeDiagram._Graph**: contém dados a partir do qual gráficos são desenhados e informações sobre sua apresentação.

  o **Bio.Graphics.GenomeDiagram._GraphSet**: permite trabalhar com objetos *GraphData*.

  o **Bio.Graphics.GenomeDiagram._LinearDrawer**: fornece métodos para desenhar diagramas lineares.

  o **Bio.Graphics.GenomeDiagram._Track**: módulo para criação de faixas onde serão impressas os objetos produzidos por *FeatureSet* e *GraphSet*.

- **Bio.Graphics.KGML_vis**: este módulo fornece classes e funções para visualizar diagramas produzidos com KGML (*KEGG Markup Language*).

15.22 Bio.HMM

Esse módulo fornece uma série de códigos para trabalhar com modelo oculto de Markov (do inglês *Hidden Markov Model* ou HMM).

Documentação do pacote disponível em:
<http://biopython.org/DIST/docs/api/Bio.HMM-module.html>.

Módulos:

- **Bio.HMM.DynamicProgramming**: fornece algoritmos de programação dinâmica para uso geral.

- **Bio.HMM.MarkovModel**: lida com representações de Modelos de Markov.

- **Bio.HMM.Trainer**: fornece métodos para treinamento.

- **Bio.HMM.Utilities**: funções genéricas que podem ser úteis para trabalhar com HMM.

15.23 Bio.KDTree

Estruturas de dados de árvores KD podem ser utilizadas para buscas em vetores com *n* dimensões, como por exemplo, busca por pontos vizinhos dentro de um raio delimitador. Para mais informações pesquise por *"Computational Geometry: Algorithms and Applications"* dos autores Mark de Berg, Marc van Kreveld, Mark Overmars e Otfried Schwarzkopf.

Documentação do pacote disponível em:
<http://biopython.org/DIST/docs/api/Bio.KDTree-module.html>.

Módulos:

- **Bio.KDTree.KDTree**
- **Bio.KDTree._CKDTree**

15.24 Bio.KEGG

Este módulo fornece códigos para trabalhar com dados obtidos de bancos de dados KEGG (*Kyoto Encyclopedia of Genes and Genomes*).

Documentação do pacote disponível em:
<http://biopython.org/DIST/docs/api/Bio.KEGG-module.html>.

Módulos:

- **Bio.KEGG.Compound**: fornece códigos para trabalhar com o banco de dados de ligantes e compostos do KEGG.
- **Bio.KEGG.Enzyme**: fornece códigos para trabalhar com o banco de dados de enzimas do KEGG.
- **Bio.KEGG.KGML**: fornece códigos para trabalhar com dados do KEGG.
  - o **Bio.KEGG.KGML.KGML_parser**: fornece classes e funções para analisar mapas do KGML Pathway.
  - o **Bio.KEGG.KGML.KGML_pathway**: fornece classes para representar mapas do KGML Pathway.
- **Bio.KEGG.Map**: este módulo fornece códigos para importar mapas do KEGG Pathway e para usá-los com o módulo Biopython Pathway.
- **Bio.KEGG.REST**: fornece códigos para acessar a API da plataforma online KEGG através de um método REST (*Representational State Transfer*).

15.25 Bio.LogisticRegression

Fornece códigos para realização de regressão logística.

Documentação do módulo disponível em:

<http://biopython.org/DIST/docs/api/Bio.LogisticRegression-module.html>.

15.26 Bio.MarkovModel

Fornece uma implementação do Modelo de Markov usando treinamentos com o algoritmo de Baum-Welch e com MLE (*Maximum Likelihoood Estimates*).

Documentação do módulo disponível em:
<http://biopython.org/DIST/docs/api/Bio.MarkovModel-module.html>.

15.27 Bio.MaxEntropy

Fornece códigos para cálculo da entropia máxima usando *Improved Iterative Scaling*.

Documentação do módulo disponível em:
<http://biopython.org/DIST/docs/api/Bio.MaxEntropy-module.html>.

15.28 Bio.Medline

Fornece códigos para trabalhar com dados do Medline (NCBI).

Documentação do módulo disponível em:
<http://biopython.org/DIST/docs/api/Bio.Medline-module.html>.

15.29 Bio.motifs

Fornece ferramentas para trabalhar com análises de regiões motivos em sequências. Também inclui diversas funcionalidades para se analisar resultados obtidos pelos programas AlignACE, MEME e MAST, além de arquivos no formato TRANSFAC.

Documentação do pacote disponível em:
<http://biopython.org/DIST/docs/api/Bio.motifs-module.html>.

<u>Módulos:</u>

- **Bio.motifs._pwm**: permite rápidos cálculos envolvendo matrizes de peso de posição.

- **Bio.motifs.alignace**: permite a análise de resultados do programa AlignACE.

- **Bio.motifs.applications**: permite a execução por linha de comando de ferramentas para cálculo de motivos.

   o **Bio.motifs.applications._alignace**: fornece códigos para trabalhar com a versão local da ferramenta AlignACE, para busca de regiões motivos em sequências de DNA.

   o **Bio.motifs.applications._xxmotif**: *wrapper* para execução por linha de comando da ferramenta XXmotif.

- **Bio.motifs.jaspar**: módulo JASPAR2014.

   o **Bio.motifs.jaspar.db**: permite acesso para leitura para banco de dados no formato JASPAR5.

- **Bio.motifs.mast**

- **Bio.motifs.matrix**: permite a implementação de matrizes de frequência, matrizes de peso de posição e matrizes de pontuação de posição específica.

- **Bio.motifs.meme:** fornece métodos para analisar resultados da ferramenta MEME (*Multiple EM for Motif Elicitation*).

- **Bio.motifs.thresholds**: realiza cálculos aproximados de adequação do *thresholds* para buscar motivos.

- **Bio.motifs.transfac**: analisa arquivos TRANSFAC.

15.30 Bio.NMR

Fornece códigos para trabalhar com dados de NMR.

Documentação do pacote disponível em:
<http://biopython.org/DIST/docs/api/Bio.NMR-module.html>.

Módulos:

- **Bio.NMR.NOEtools**: permite a predição das chamadas coordenadas NOE usando NOEtools.

- **Bio.NMR.xpktools**: fornece ferramentas para manipular dados de arquivos *nmrview* (.xpk).

15.31 Bio.NeuralNetwork

Fornece classes e métodos para trabalhar com redes neurais.

> Documentação do pacote disponível em:
> <http://biopython.org/DIST/docs/api/Bio.NeuralNetwork-module.html>.

Módulos:

- **Bio.NeuralNetwork.BackPropagation**

  o **Bio.NeuralNetwork.BackPropagation.Layer**: permite   a modelagem de uma única camada de uma rede neural.

  o **Bio.NeuralNetwork.BackPropagation.Network**: representa redes neurais.

- **Bio.NeuralNetwork.Gene**

  o **Bio.NeuralNetwork.Gene.Motif**: procura e lida com regiões motivo em dados de sequências biológicas.

  o **Bio.NeuralNetwork.Gene.Pattern**: funcionalidades genéricas úteis para representações de genes.

  o **Bio.NeuralNetwork.Gene.Schema**: lida com motivos permitindo ambiguidade nas sequências.

  o **Bio.NeuralNetwork.Gene.Signature**: procura e lida com *signatures* em dados de sequências biológicas.

- **Bio.NeuralNetwork.StopTraining**: Classes para ajudar a lidar com paradas no treinamento de redes neurais.

- **Bio.NeuralNetwork.Training**: fornece classes para lidar com treinamento de redes neurais.

15.32 Bio.Nexus

Este pacote contém classes e métodos para analisar arquivos NEXUS e objetos para modelar tais dados.

Documentação do pacote disponível em:
<http://biopython.org/DIST/docs/api/Bio.Nexus-module.html>.

Módulos:

- **Bio.Nexus.Nexus**: permite a análise do conteúdo de arquivos NEXUS.

- **Bio.Nexus.Nodes:** permite a análise de cada nó. Também armazena uma lista de nós que estão interligados.

- **Bio.Nexus.Trees**: fornece classes para lidar com árvores filogenéticas.

- **Bio.Nexus.cnexus:** verifica arquivos e lida com comentários e citações.

15.33 Bio.PDB

Apresenta classes e métodos para lidar com estruturas tridimensionais de macromoléculas. Inclui ferramentas para analisar arquivos PDB e mmCIF, uma classe para análise de estruturas (*Structure*), um módulo para manter uma cópia de arquivos PDB atualizados, além de métodos de abertura e gravação de arquivos no formato PDB.

Criado por Thomas Hamelryck e Kristian Rother.

Documentação do pacote disponível em:
<http://biopython.org/DIST/docs/api/Bio.PDB-module.html>.

Módulos:

- **Bio.PDB.AbstractPropertyMap**: classe que realiza o mapeamento (*chain_id* e *residue_id*) para determinar as propriedades de um resíduo.

- **Bio.PDB.Atom**: classe de átomos usada em objetos *Structure*.

- **Bio.PDB.Chain**: classe de cadeias usada em objetos *Structure*.

- **Bio.PDB.DSSP**: usa o programa DSSP para calcular a estrutura secundária e a acessibilidade.

- **Bio.PDB.Dice**

- **Bio.PDB.Entity**

- **Bio.PDB.FragmentMapper**: classifica a estrutura de *backbone* de proteínas de acordo com a biblioteca de fragmentos de Kolodny e colaboradores. Para mais informações consulte:

Kolodny R, Koehl P, Guibas L, Levitt M. **Small libraries of protein fragments model native protein structures accurately**. J Mol Biol. 2002 323(2):297-307.

- **Bio.PDB.HSExposure**: realiza o cálculo de exposição de meia esfera e número de coordenação.

- **Bio.PDB.MMCIF2Dict**: transforma um arquivo mmCIF em um dicionário.

- **Bio.PDB.MMCIFParser**: fornece métodos de análise para arquivos mmCIF.

- **Bio.PDB.Model**: classe modelo usada em objetos *Structure*.

- **Bio.PDB.NACCESS**

- **Bio.PDB.NeighborSearch**: busca por átomos vizinhos usando uma árvore KD (implementada na linguagem de programação C++).

- **Bio.PDB.PDBExceptions**: apresenta algumas exceções específicas para o Bio.PDB.

- **Bio.PDB.PDBIO**: salva arquivos no formato PDB.

- **Bio.PDB.PDBList**: lista estruturas PDB com base em consultas a bancos de dados na internet, o que permite o *download* de estruturas.

- **Bio.PDB.PDBParser**: permite a análise de arquivos PDB.

- **Bio.PDB.PSEA**: permite o uso do programa PSEA usado para atribuição de estrutura secundária.

- **Bio.PDB.Polypeptide**: apresenta classes para construção e representação de polipeptídios.

- **Bio.PDB.Residue:** permite a representação de resíduos.

- **Bio.PDB.ResidueDepth**: permite o calculo de profundidade de um resíduo usando a ferramenta por linha de comando MSMS.

- **Bio.PDB.Selection**: permite a seleção de átomos, resíduos, cadeias e estruturas.

- **Bio.PDB.Structure**: classe que representa estruturas de macromoléculas. Permite a criação de objetos *Structure* (objetos de estruturas).

- **Bio.PDB.StructureAlignment**: permite o mapeamento de resíduos de duas estruturas baseado em um arquivo de alinhamentos FASTA.

- **Bio.PDB.StructureBuilder**: classe que permite a construção de objetos *Structure*.

- **Bio.PDB.Superimposer**: permite a sobreposição de duas estruturas.

- **Bio.PDB.Vector**: inclui funções relacionadas com rotações.

- **Bio.PDB.parse_pdb_header**: permite a análise de cabeçalhos de arquivos PDB.

15.34 Bio.Pathway

Permite intercâmbio de dados e pré-processamento entre bancos de dados de *pathway*. Apresenta representações de interações entre qualquer número de espécies bioquímicas.

Documentação do pacote disponível em:
<http://biopython.org/DIST/docs/api/Bio.Pathway-module.html>.

Módulos:

- **Bio.Pathway.Rep**: módulo de suporte do BioPython Pathway.
  - o **Bio.Pathway.Rep.Graph**
  - o **Bio.Pathway.Rep.MultiGraph**

15.35 Bio.Phylo

Pacote para trabalhar com árvores filogenéticas.

Documentação do pacote disponível em:
<http://biopython.org/DIST/docs/api/Bio.Phylo-module.html>.

Módulos:

- **Bio.Phylo.Applications**: permite a execução de ferramentas de filogenética por linha de comando.
  - o **Bio.Phylo.Applications._Fasttree**: permite a execução da ferramenta de inferência de árvores Fasttree.
  - o **Bio.Phylo.Applications._Phyml**: permite a execução da ferramenta de inferência de árvores PhyML.
  - o **Bio.Phylo.Applications._Raxml**: permite a execução da ferramenta de inferência de árvores RAxML.
- **Bio.Phylo.BaseTree**: classe para criação de objetos Bio.Phylo.
- **Bio.Phylo.CDAO**: classe correspondente a árvores CDAO.
- **Bio.Phylo.CDAOIO**: permite a leitura e gravação de arquivos no formato RDF/CDAO.
- **Bio.Phylo.Consensus**: classes e métodos para busca de árvores consenso.
- **Bio.Phylo.NeXML**: classe correspondente a árvores NeXML.
- **Bio.Phylo.NeXMLIO**: permite a leitura e gravação de arquivos no formato NeXML.

- **Bio.Phylo.Newick**: classe correspondente a árvores Newick, também utilizada para árvores Nexus.

- **Bio.Phylo.NewickIO**: permite a leitura e gravação de arquivos no formato Newick.

- **Bio.Phylo.NexusIO**: permite a leitura e gravação para árvores Bio.Nexus.

- **Bio.Phylo.PAML**

- **Bio.Phylo.PhyloXML**: classe   correspondente   a   elementos phyloXML.

- **Bio.Phylo.PhyloXMLIO**: permite a leitura, análise, escrita   com PhyloXML.

- **Bio.Phylo.TreeConstruction**: classes e métodos para construção de árvores.

- **Bio.Phylo._io**: permite a leitura e gravação de diversos formatos de árvores filogenéticas.

- **Bio.Phylo._utils**: apresenta diversos utilitários para manipulação, exibição e exportação de árvores filogenéticas.

15.36 Bio.PopGen

PopGen é um pacote que permite lidar com populações genéticas e ge-nômicas.

Documentação do pacote disponível em:
<http://biopython.org/DIST/docs/api/Bio.PopGen-module.html>.

Módulos:

- **Bio.PopGen.Async**: suporte a execução assíncrona.

  o **Bio.PopGen.Async.Local**: permite execução local assíncro-na.

- **Bio.PopGen.FDist**: este módulo fornece códigos para trabalhar com FDist.

- o **Bio.PopGen.FDist.Async**: permite a execução assíncrona de Fdist e divisão de cargas.

- o **Bio.PopGen.FDist.Controller**: permite controlar o Fdist.

- o **Bio.PopGen.FDist.Utils**

- **Bio.PopGen.GenePop**: contém códigos para trabalhar com Gene-Pop.

  - o **Bio.PopGen.GenePop.Controller**: permite controlar o GenePop.

  - o **Bio.PopGen.GenePop.EasyController**: permite controlar o GenePop através de uma interface simplificada.

  - o **Bio.PopGen.GenePop.FileParser**: permite analisar arquivos BIG GenePop.

  - o **Bio.PopGen.GenePop.LargeFileParser**: permite análise de grandes arquivos GenePop.

  - o **Bio.PopGen.GenePop.Utils**

- **Bio.PopGen.SimCoal**: permite a execução do SimCoal2 e apresenta funções de suporte.

  - o **Bio.PopGen.SimCoal.Controller**: este módulo permite controlar o Simcoal2 e o FastSimcoal.

  - o **Bio.PopGen.SimCoal.Template**

15.37 Bio.Restriction

Contém métodos para trabalhar com enzimas de restrições. Apresenta sítios de restrição, além de outras informações de aproximadamente 779 enzimas de restrição, que vão desde a AanI a Zsp2I.

Documentação do pacote disponível em:
<http://biopython.org/DIST/docs/api/Bio.Restriction-module.html>.

Módulos:

- **Bio.Restriction.PrintFormat**: imprime análises de enzimas de restrição.
- **Bio.Restriction.RanaConfig**
- **Bio.Restriction.Restriction**: classes de enzimas de restrição.
- **Bio.Restriction.Restriction_Dictionary**

15.38 Bio.SCOP

O banco de dados SCOP (*Structural Classification of Proteins*) fornece uma classificação manual de todas as estruturas de proteínas conhecidas através de hierarquias, como família, superfamília e enovelamento. Este pacote apresenta métodos para acessar o SCOP pela internet.

Documentação do pacote disponível em:
<http://biopython.org/DIST/docs/api/Bio.SCOP-module.html>.

Módulos:
- **Bio.SCOP.Cla**: permite a manipulação de arquivos de classificação SCOP, que descreve os domínios SCOP.
- **Bio.SCOP.Des**: permite a manipulação de arquivos de descrição SCOP.
- **Bio.SCOP.Dom**: permite a manipulação de arquivos de domínio SCOP.
- **Bio.SCOP.Hie**: permite a manipulação de arquivos de hierarquia SCOP através de identificadores únicos.
- **Bio.SCOP.Raf**: mapas de sequências ASTRAL RAF (*Rapid Access Format*).
- **Bio.SCOP.Residues:** apresenta uma coleção de resíduos de estruturas PDB.

15.39 Bio.SVDSuperimposer

SVDSuperimposer utiliza o algoritmo de decomposição de valores singulares (SVD) para detectar a melhor rotação e translação, e assim, colocar dois conjuntos de pontos um em cima do outro minimizando a RMSD. Útil para sobrepor estruturas cristalográficas.

Documentação do pacote disponível em:
<http://biopython.org/DIST/docs/api/Bio.SVDSuperimposer-module.html>.

15.40 Bio.SearchIO

Interface do Biopython para análise de resultados de programas de buscas de sequências.

Documentação do pacote disponível em:
<http://biopython.org/DIST/docs/api/Bio.SearchIO-module.html>.

Módulos:

- **Bio.SearchIO.BlastIO**: suporte do Bio.SearchIO a formatos de resultados de programas da suíte BLAST+.
    - o **Bio.SearchIO.BlastIO.blast_tab**: permite a análise de resultados tabulares (com ou sem comentários) de programas da suíte BLAST+.
    - o **Bio.SearchIO.BlastIO.blast_text**: permite a análise de resultados em formato textual de programas da suíte BLAST+.
    - o **Bio.SearchIO.BlastIO.blast_xml**: permite a análise de resultados em formato XML de programas da suíte BLAST+.
- **Bio.SearchIO.BlatIO**: permite a análise do formato BLAT.
- **Bio.SearchIO.ExonerateIO**: suporte do Bio.SearchIO a formatos de resultados do programa Exonerate.
    - o **Bio.SearchIO.ExonerateIO._base**: permite a análise de resultados do formato padrão Exonerate.

- o **Bio.SearchIO.ExonerateIO.exonerate_cigar**: permite a análise de resultados do formato *cigar* do programa Exonerate.

- o **Bio.SearchIO.ExonerateIO.exonerate_text**: permite a análise de resultados de texto simples do programa Exonerate.

- o **Bio.SearchIO.ExonerateIO.exonerate_vulgar**: permite a análise de resultados em formato *vulgar* do programa Exonerate.

- **Bio.SearchIO.FastaIO**: suporte para o programa Bill Pearson's FASTA.

- **Bio.SearchIO.HmmerIO**: suporte para resultados do programa HMMER.

  - o **Bio.SearchIO.HmmerIO._base**: fornece classes básicas para códigos relacionados com HMMER.

  - o **Bio.SearchIO.HmmerIO.hmmer2_text**: permite análises de resultados do programa HMMER 2 em formato textual.

  - o **Bio.SearchIO.HmmerIO.hmmer3_domtab**: permite análises de resultados de tabela de domínio do programa HMMER 3.

  - o **Bio.SearchIO.HmmerIO.hmmer3_tab**: permite análises de resultados do programa HMMER 3 em formato tabular.

  - o **Bio.SearchIO.HmmerIO.hmmer3_text**: permite análises de resultados do programa HMMER 3 em formato de texto simples.

- **Bio.SearchIO._index**: permite uma indexação customizada de objetos Bio.SearchIO.

- **Bio.SearchIO._model**: permite o uso de objetos Bio.SearchIO para modelar resultados do programa de busca por similaridade.

  - o **Bio.SearchIO._model._base**: classe abstrata para objetos modelo SearchIO.

o **Bio.SearchIO._model.hit**: objeto Bio.SearchIO para modelar um único *hit* no banco de dados.

o **Bio.SearchIO._model.hsp**: objeto Bio.SearchIO para modelar regiões de alta pontuação entre *query* e *hit*.

o **Bio.SearchIO._model.query**: objeto Bio.SearchIO para modelar resultados de buscas de uma única *query*.

- **Bio.SearchIO._utils**: funções comuns de utilidade SearchIO.

15.41 Bio.Seq

Fornece objetos para representar sequências biológicas com alfabetos. Possui funções para criação de objetos Seq, determinação da sequência reverso complementar, transcrição de sequências de DNA em RNA e tradução.

Documentação do módulo disponível em:
<http://biopython.org/DIST/docs/api/Bio.Seq-module.html>.

15.42 Bio.SeqFeature

Útil para trabalhar com *features* de sequências.

Documentação do módulo disponível em:
<http://biopython.org/DIST/docs/api/Bio.SeqFeature-module.html>.

15.43 Bio.SeqIO

Permite a leitura e gravação de sequências como objeto SeqRecord.

Documentação do pacote disponível em:
<http://biopython.org/DIST/docs/api/Bio.SeqIO-module.html>.

Módulos:

- **Bio.SeqIO.AbiIO**: permite análises de arquivos no formato ABI.
- **Bio.SeqIO.AceIO**: permite análises de arquivos no formato "*ace*".

- **Bio.SeqIO.FastaIO**: permite análises de arquivos no formato *"fasta"*.

- **Bio.SeqIO.IgIO**: permite análises de arquivos no formato *"ig"* (IntelliGenetics ou MASE).

- **Bio.SeqIO.InsdcIO**: permite análises de arquivos nos formatos *"genbank"* e *"embl"*.

- **Bio.SeqIO.Interfaces**: módulo de suporte.

- **Bio.SeqIO.PhdIO**: permite análises de arquivos no formato *"phd"*.

- **Bio.SeqIO.PirIO**: permite análises de arquivos no formato *"pir"* (PIR ou NBRF).

- **Bio.SeqIO.QualityIO**: permite análises de arquivos nos formatos FASTQ e QUAL.

- **Bio.SeqIO.SeqXmlIO**: permite análises de arquivos no formato *"seqxml"*.

- **Bio.SeqIO.SffIO**: permite análises de arquivos binários no formato SFF (*Standard Flowgram Format*).

- **Bio.SeqIO.SwissIO**: permite análises de arquivos no formato *"swiss"* (SwissProt/UniProt).

- **Bio.SeqIO.TabIO**: permite análises de arquivos no formato *"tab"* (texto separado por tabulações).

- **Bio.SeqIO.UniprotIO**: permite análises de arquivos no formato *"uniprot-xml"*.

15.44 Bio.SeqRecord

Permite obter informações sobre anotações de sequências.

Documentação do módulo disponível em:
<http://biopython.org/DIST/docs/api/Bio.SeqRecord-module.html>.

15.45 Bio.SeqUtils

Apresenta funções auxiliares para lidar com sequências.

Documentação do módulo disponível em:
<http://biopython.org/DIST/docs/api/Bio.SeqUtils-module.html>.

Módulos:

- **Bio.SeqUtils.CheckSum**: funções para calcular as somas de verificação de sequência desordenadas.

- **Bio.SeqUtils.CodonUsage:** funções para determinação de *codon usage*.

- **Bio.SeqUtils.CodonUsageIndices**: define um índice de códons de acordo com o trabalho publicado na revista *"Nucleic Acids Res"* por Sharp e Li (1987).

- **Bio.SeqUtils.IsoelectricPoint**: permite o cálculo de pontos isoelétricos de polipeptídios usando o método de Bjellqvist.

- **Bio.SeqUtils.MeltingTemp**: permite o cálculo da temperatura de fusão de sequências de nucleotídeos.

- **Bio.SeqUtils.ProtParam**: permite simples análises de proteínas.

- **Bio.SeqUtils.ProtParamData**: este módulo contém índices que podem ser usados pelo ProtParam.

- **Bio.SeqUtils.lcc**: permite a determinação do LCC (*Local Composition Complexity*) para uma sequência.

15.46 Bio.Sequencing

Fornece códigos para lidar com vários programas, com dados de sequenciamento e realizar montagem de genomas

Documentação do pacote disponível em:
<http://biopython.org/DIST/docs/api/Bio.Sequencing-module.html>.

Módulos:

- **Bio.Sequencing.Ace**: fornece métodos para análises de arquivos no formato ACE obtidos pelo programa PHRAP.

- **Bio.Sequencing.Applications**: contém classes para executar diversas aplicações por linha de comando através do Biopython.

  o   **Bio.Sequencing.Applications._Novoalign**: permite a execução do programa Novoalign (Novocraft).

  o   **Bio.Sequencing.Applications._bwa**: permite a execução do programa bwa.

  o   **Bio.Sequencing.Applications._samtools**: permite a execução do programa samtools.

- **Bio.Sequencing.Phd**: permite análises de arquivos no formato PHD.

15.47 Bio.Statistics

Apresenta funções estatísticas.

Documentação do pacote disponível em:
<http://biopython.org/DIST/docs/api/Bio.Statistics-module.html>.

Módulos:

- **Bio.Statistics.lowess**: implementa a função *Lowess* para regressão não paramétrica.

15.48 Bio.SubsMat

Este módulo fornece classes e rotinas para geração de matrizes de substituição, similares as matrizes PAM e BLOSSUM.

Documentação do pacote disponível em:
<http://biopython.org/DIST/docs/api/Bio.SubsMat-module.html>.

Módulos:

- **Bio.SubsMat.FreqTable**
- **Bio.SubsMat.MatrixInfo**: permite a geração de matrizes de substituição usadas em alinhamentos.

15.49 Bio.SwissProt

Esse pacote fornece códigos para trabalhar com o arquivo "*sprotXX.dat*" do SwissProt.

> Documentação do pacote disponível em:
> <http://biopython.org/DIST/docs/api/Bio.SwissProt-module.html>.

Módulos:

- **Bio.SwissProt.KeyWList**: permite a análise do arquivo "*keywlist.txt*" do SwissProt/UniProt.

15.50 Bio.TogoWS

Fornece códigos para acessar os *webservices* integrados do TogoWS (DBCLS, Japão).

> Documentação do pacote disponível em:
> <http://biopython.org/DIST/docs/api/Bio.TogoWS-module.html>.

15.51 Bio.UniGene

Permite a análise de arquivos Unigene, como os arquivos Hs.data.

> Documentação do pacote disponível em:
> <http://biopython.org/DIST/docs/api/Bio.UniGene-module.html>.

15.52 Bio.UniProt

Fornece códigos para trabalhar com arquivos de formatos desordenados do UniProt.

> Documentação do pacote disponível em:

<http://biopython.org/DIST/docs/api/Bio.UniProt-module.html>.

Módulos:

- **Bio.UniProt.GOA**: permite análises de arquivos GAF, GPA e GPI (UniProt-GOA).

15.53 Bio._utils

Contém diversas funções e utilitários comuns para vários submódulos Bio, como por exemplo, uma função que permite a contagem de itens em uma iteração.

Documentação do módulo disponível em:
<http://biopython.org/DIST/docs/api/Bio._utils-module.html>.

15.54 Bio.bgzf

Permite a leitura e escrita de arquivos compactados no formato BGZF.

Documentação do módulo disponível em:
<http://biopython.org/DIST/docs/api/Bio.bgzf-module.html>.

15.55 Bio.codonalign

Fornece códigos para trabalhar com alinhamentos de códons.

Documentação do pacote disponível em:
<http://biopython.org/DIST/docs/api/Bio.codonalign-module.html>.

Módulos:

- **Bio.codonalign.chisq**: implementação em Python do *chisqprob* (não necessita do *SciPy*).

- **Bio.codonalign.codonalignment**: permite lidar com alinhamentos de códons.

- **Bio.codonalign.codonalphabet**: fornece um alfabeto de códons.

- **Bio.codonalign.codonseq**: fornece códigos para lidar com sequências codificantes.

15.56 Bio.kNN

Fornece código para realizar classificações usando *k-nearest-neighbors*.

Documentação do módulo disponível em:
<http://biopython.org/DIST/docs/api/Bio.kNN-module.html>.

15.57 Bio.pairwise2

Este pacote implementa alinhamento de sequências par-a-par usando algoritmo de programação dinâmica.

Documentação do módulo disponível em:
<http://biopython.org/DIST/docs/api/Bio.pairwise2-module.html>.

15.58 Bio.trie

Este módulo implementa uma estrutura de dados *trie*.

Documentação do módulo disponível em:
<http://biopython.org/DIST/docs/api/Bio.trie-module.html>.

15.59 Bio.triefind

Dada uma *trie*, este módulo fornece métodos de detectar todas as ocorrências de uma palavra buscando por *substrings*.

Documentação do módulo disponível em:
<http://biopython.org/DIST/docs/api/Bio.triefind-module.html>.

15.60 BioSQL

Biopython fornece módulos para acessar e recuperar informações de bancos de dados relacionais BioSQL. Não faz parte do pacote Bio. Para mais informações acesse: <http://www.biosql.org/>.

Documentação do pacote disponível em: <http://biopython.org/DIST/docs/api/BioSQL-module.html>.

Módulos:

- **BioSQL.BioSeq**: implementações de objetos *Seq* do Biopython no BioSQL.

- **BioSQL.BioSeqDatabase**: permite a conexão com uma base de dados do BioSQL e o carregamento de objetos do Biopython nela.

- **BioSQL.DBUtils:** fornece utilitários para acesso a bases BioSQL.

- **BioSQL.Loader**: carrega objetos do Biopython em um base de dados BioSQL para armazenamento persistente.

Epílogo

Se você chegou até aqui após ler todos os outros capítulos, parabéns! Agora você está apto a criar e analisar programas para Bioinformática. Mas se você ainda não se sente um programador completo, não se aflija. Como foi dito no prefácio: programação é prática! E este é apenas o primeiro passo.

É claro que não seria possível demonstrar tudo que se pode fazer com Biopython, entretanto ao escrever este livro tivemos como principal objetivo dar uma visão geral do Biopython e incentivá-los a ir mais além. Então agora, vá mais além!

Quero mais!

Biopython oferece suporte a diversas outras funções em Bioinformática, como por exemplo, criação de árvores filogenéticas, detecção de regiões motivo, análise de arquivos KEGG, uso de métodos de aprendizagem supervisionado e muito mais. Para mais informações acesse a documentação oficial: <http://biopython.org/DIST/docs/tutorial/Tutorial.html>.

Como contribuir com o Biopython?

Se gostou do Biopython, mas acredita que pode ajudar a melhorá-lo, você pode contribuir para o desenvolvimento do projeto através da criação de novos códigos, ou caso você não seja um programador experiente, com melhorias na documentação. Para mais informações acesse: <http://biopython.org/wiki/Contributing>.

Isso é tudo pessoal!

Referências bibliográficas

Borges, Luis Eduardo. **Python para desenvolvedores.** 2ª edição. Disponível em: <https://ark4n.files.wordpress.com/2010/01/python_para_desenvolvedores_2ed.pdf>. Acesso em: 26 de agosto de 2015. Rio de Janeiro. Edição do Autor, 2010.

Chang, Jeff; Chapman, Brad; Friedberg, Iddo; Hamelryck,Thomas; Hoon, Michiel de; Cock, Peter; Antao, Tiago; Talevich, Eric; Wilczýsk, Bartek. **Biopython Tutorial and Cookbook**. 1 December 2013 (Biopython 1.63). Disponível em: <http://biopython.org/DIST/docs/tutorial/Tutorial.html>.

Chapman, Brad; Chang, Jeff: "**Biopython: Python tools for computational biology**". *ACM SIGBIO Newsletter* **20** (2): 15–19 (August 2000).

Corôa, Thiago. **Instalando e Configurando o Python e Django no Windows**. Disponível em: <http://pythonclub.com.br/instalacao-python-django-windows.html>. Acesso em: 1 de março de 2015.

Downey, Allen; Elkner, Jeff; Meyer, Chris. **Aprenda Computação com Python v1.1 documentation - Capítulo 2: Variáveis, expressões e comandos**. Disponível em: <http://www3.ifrn.edu.br/~jurandy/fdp/doc/aprenda-python/capitulo_02.html>. Acesso em: 1 de março de 2015.

Hamelryck, T., Manderick, B. (2003) **PDB parser and structure class implemented in Python**. Bioinformatics, 19, 2308-2310.

Peter J. A. Cock, Tiago Antao, Jeffrey T. Chang, Brad A. Chapman, Cymon J. Cox, Andrew Dalke, Iddo Friedberg, Thomas Hamelryck, Frank Kauff, Bartek Wilczynski, Michiel J. L. de Hoon: "**Biopython: freely available Python tools for computational molecular biology and bio-**

informatics". *Bioinformatics* **25** (11), 1422–1423 (2009).doi:10.1093/bioinformatics/btp163,

Rossum, Guido van. **The History of Python: Personal History - part 1, CWI.** Disponível em: <http://python-history.blogspot.com.br/2009/01/personal-history-part-1-cwi.html>. Acesso em: 1 de março de 2015.

Rumbaugh, James *et al.* **Modelagem e Projetos Baseados em Objetos**, Campus, 1994.

Sobre os autores

Diego César Batista Mariano

Atualmente cursa doutorado em Bioinformática na Universidade Federal de Minas Gerais. Possui mestrado em Bioinformática (UFMG), bacharelado em Sistemas de Informação (Faculdade Anhanguera de Belo Horizonte), diploma técnico em Redes Computacionais (Senac Minas) e profissionalizante em Aprendizagem Industrial em Pré-Impressão Gráfica (SENAI). Tem experiência em desenvolvimento de sistemas Web, habilidade em programação com as linguagens PHP, Python e Perl, além de conhecimentos nas áreas de: Bioinformática, visualização de dados, design pra impressão gráfica e web, montagem e anotação de genomas bacterianos.

José Renato Pereira de Moura Barroso

Mestrando em Bioinformática pela Universidade Federal de Minas Gerais, vinculado ao Instituto de Ciências Biológicas, trabalha com Bioinformática estrutural de proteínas, aprendizado de máquina e mineração de dados. É Bacharel em Ciência da Computação pela Universidade Federal do Piauí (UFPI), onde realizou iniciação científica na área de Bioinformática com ênfase em transplantes de órgãos e integrou o LIB-UFPI (Laboratório de Imunogenética e Biologia Molecular) como aluno-pesquisador.

Thiago Da Silva Correia

Graduando em Matemática Computacional pela Universidade Federal de Minas Gerais. Tem experiência na área de Matemática, com ênfase em Matemática Aplicada e na área de Bioinformática, atuando em projetos envolvendo clusterização de beta-glicosidase.

Raquel Cardoso de Melo Minardi

Possui doutorado em Bioinformática pela Universidade Federal de Minas Gerais (2008) e graduação em Ciência da Computação pela mesma instituição (2004). Realizou seu pós-doutorado no Comissariat à l'Energie Atomique et aux Énergies Alternatives / Genoscope na França (2008/2009). Atualmente é professora adjunta II da Universidade Federal de Minas Gerais no Departaento de Ciência da Computação. Atua nos Programas de Pós-Graduação em Ciência da Computação e em Bioinformática. Seus principais interesses de pesquisa são em Bioinformática e em Visualização de Dados.